别输在
时间管理上

李 晴 编著

辽海出版社

图书在版编目（CIP）数据

别输在时间管理上 / 李晴编著 . — 沈阳：辽海出
版社，2017.10

ISBN 978-7-5451-4410-9

Ⅰ . ①别… Ⅱ . ①李… Ⅲ . ①时间—管理—通俗读物
Ⅳ . ① C935-49

中国版本图书馆 CIP 数据核字（2017）第 249669 号

别输在时间管理上

责任编辑：柳海松
责任校对：丁　雁
装帧设计：廖　海
开　　本：630mm×910mm
印　　张：14
字　　数：175 千字
出版时间：2018 年 5 月第 1 版
印刷时间：2019 年 8 月第 3 次印刷

出版者：辽海出版社
印刷者：北京一鑫印务有限责任公司

ISBN 978-7-5451-4410-9　　　　　　定　　价：68.00 元

前　言

　　成功的人都有一个共性：他们都会规划自己的时间，掌控自己的时间。

　　在我们的工作和生活中，很多人常常抱怨自己的计划没有时间来执行，或者自己的工作效率低下，达不到预期的目标。社会的发展日新月异，他们激动；别人的进步突飞猛进，他们羡慕；回头看看自己的现状，他们着急。他们胸怀大志，但总是说没有时间。因为什么呢？因为他们没有正确的时间观念，只会一味蛮干，不懂得规划自己的时间，看不到时间的价值。取得成就的开始往往在于合理规划自己的时间，掌控自己的时间。

　　那么，究竟该如何掌控自己的时间呢？本书为你一一讲解：

　　第一，要明白自己的目标，正确的目标才能让自己的时间有价值。

　　目标与时间有关系吗？时间管理专家给了一个肯定的回答：是的，有关系。明确而清晰的目标对于一个人的成功起着至关重要的作用。所以说，有一个正确的目标，你才能利用好时间。

　　第二，合理规划，做事要直达目的。

　　无论你的时间多么紧张，多么抽不开身，你都应该设法抽出时间做一个规划。越是觉得自己没有时间，你越应该仔细地规划自己的时间。如果你能够在每天上午做一个规划，下午做一个总结，那你就会因此而得到数倍的回报。

第三，对事情的重要性要有一个区分。

生活是复杂的，每个人都有喜怒哀乐，都有亲朋好友，都忍受着无穷的琐事干扰。完全回避这些是不现实的，但是，对于一个想干事业的人来说，必须分清事情的主次，哪些是需要做的，哪些是不需要做的，哪些事关照一下就行，哪些事干脆应该放弃……从而为自己去做最重要的事留下充足的时间和最多的精力，否则你就是一个不能驾驭时间的人，并会因而使自己的梦想成为泡影。

第四，主动做每一件事情。

对于我们自己的事情，我们应该自动自发地去做，只有这样我们才能将每一件事情做好。如果一味地拖延，等到来不及的时候再做，我们只能仓促地完成它，而不可能出色地完成它。

……

时间是常数，只要运用得当，便能让其产生巨大的作用。

翻开本书，成功，便从此开始！

目 录

第一章 时间价值：时间太快，不会为谁停留

　　一个讲究效益和效率的社会，要求我们对自己的时间和生活有更高的掌控水平和能力，懂得如何成功地进行自己的时间运筹，从而为我们未来的成功打下一个坚实的基础。

第二章　明确目标：方向正确才能用好时间

目标与时间有关系吗？时间管理专家给出了一个肯定的回答：是的，有关系。明确而清晰的目标对于一个人的成功起着至关重要的作用。所以说，有一个正确的目标，你才能利用好时间。

第三章　合理规划：做事一定要直达目的

无论你的时间多么紧张，多么抽不开身，你都应该设法抽出时间做一个规划。越是觉得自己没有时间，你越应该仔细地规划自己的时间。如果你能够在每天上午做一个规划，下午做一个总结，那你就会因此而得到数倍的回报。

第四章　要事第一：摆脱各种缠身的琐事

生活是复杂的，每个人都有喜怒哀乐，都有亲朋好友，都忍受着无穷的琐事干扰。完全回避这些是不现实的，但是，对于一个想干事业的人来说，必须分清事情的主次，哪些是需要做的，哪些是不需要做的，哪些事关照一下就行，哪些事干脆应该放弃……从而为自己去做最重要的事留下充足的时间和最多的精力，否则你就是一个不能驾驭时间的人，并会因而使自己的梦想成为泡影。

第五章　惜时如金：把每分每秒用在刀刃上

生活中，很多人都不注重零星时间，致使它们常常在无意间溜走。但实际上这些时间集合起来也是一笔巨大的财富，充分利用它们，你就可以赢得在各项工作之间喘息的机会，收到一些意想不到的效果。

第六章 自动自发：主动做好每一件该做的事情

对于我们自己的事情，我们应该自动自发地去做，只有这样我们才能将每一件事情做好。如果一味地拖延，等到来不及的时候再做，我们只能仓促地完成它，而不可能出色地完成它。

第七章　绝不拖延：用迅速的行动赢得主动

人的一生就是和时间的竞赛，时间是直线向前的，是稍纵即逝的，如果你做不了它的主人，那么它就会做你的主人。在竞争日益激烈的今天，谁能做时间的主人，谁就能在最短的时间内收获最大的效益，真正优秀的人也是一个善于利用时间到极致的人。

第八章　化繁为简：效率永远是最重要的事情

爱因斯坦说："每件事情都应该尽可能地简单，如果不能更简单的话。"化繁为简，才能提高工作效率，只有效率提高了，工作才能卓有成效。

第九章　有条不紊：调整好自己的工作节奏

有时你付出了很多，但却没有对你的生活进行有效控制，那么你的所得仍然非常有限。你应该明白，只有充分控制了自己的生活，才能得到你想要的。不要总是忙忙碌碌，偶尔停下来反思一下，你是否对你的生活进行了有效控制。

第十章 休息之道：调整好自己的生活节奏

在当今职场中，一个成功的人是会合理安排时间，注意有张有弛的。他们注重各种形式的锻炼，以保持旺盛的精力去应对艰巨的工作；他们也注意给自己留出与家人共享天伦之乐的时间。可以说这才是一个现代人健康的生活方式。

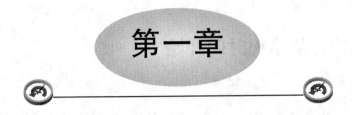

第一章

时间价值：时间太快，不会为谁停留

一个讲究效益和效率的社会，要求我们对自己的时间和生活有更高的掌控水平和能力，懂得如何成功地进行自己的时间运筹，从而为我们未来的成功打下一个坚实的基础。

成功，从掌握时间开始

《有效的管理者》一书的作者彼德·杜拉克是美国著名的管理学者，他同时也是一个研究时间利用的专家。他在该书中指出："关于管理者的任务的讨论，一般都是从如何做计划说起，这样看来很合乎逻辑。可惜的是管理者的工作计划，很少真正发生作用。计划常只是纸上谈兵，常只是良好的设想而已，很少转为成就。"

"根据我观察，有效的管理者不是从他们的任务开始，而是从掌握时间开始，他们并不以计划为起点，认清他们的时间用在什么地方才是起点……"

人才在时间中成长，在时间中前进，在时间中改造客观世界，在时间中谱写自己的历史。人才对各门科学的学习和研究，必须在一定时间内进行。人才创造的各种成果，必须经过时间来检验。时间，唯有时间，才能使智力、想象力及知识转化为成果。人的才能要想得到充分发挥，尽快踏上成功之路，若没有充分利用时间的能力，不能认识自己的时间，计划自己的时间，管理自己的时间，就只会失败。

时间，是成功者前进的阶梯。任何人想要成就一番事业，都不可能一蹴而就，必须踩着时间的阶梯一级一级地登攀。日本东京大学名誉教授渡边茂提出过"三万天学习论"，他设定人的寿命为81岁，把生命分为"成长时代""活跃时代""充实时代"3个时期。每个时期27年，大约相当于一万天。从出生到27岁，这第一个一万天被称为"成长时代"，是人们成长、学习各种基础知识、锻炼自己适应社会能力的时代。从 28 岁到 54 岁，这第二个一万天被称为"活跃时代"，是人们接受事业挑战，施展自己的知识和能力，在自己所从事的工作领域里展翅翱翔的时代。从 55 岁以后，这第三个一万天被称为"充实时代"，是人们思考、总结的阶段。人才也和一般人一样，从呱呱坠地到满头白发，都是踩着时间的阶梯前进的。

时间是成功者胜利的筹码。射箭需要练一段时间才能准，画画需要多画一段时间才能精。成功要有个定向积累的过程，这是人才研究中的一个重要原理。世界上从来没有不需花费时间便唾手可得的成功，也没有一蹴而就的事业。大诗人歌德曾后悔地说："在许多不属于我本行的事业上浪费了太多的时间，假如分清主次的话，我就很可能把最珍贵的金刚石拿到手。"我们再假定，如果歌德活到六七十岁即去世，那他的伟大巨著《浮士德》肯定完成不了。

英国大哲学家培根说过："时间是衡量事业的标准。"我们在赞叹成功者成就大小时，实际上是使用了时间这个尺度。伟人们有限的一生中，做出了超越常人的贡献，这就是他们的伟大之所在。我们赞叹鲁迅的伟大，常常想到他一生创作并翻译了六百多万字的著作；我们赞叹爱迪生伟大，也常离不开他一生有一千多项科学发明。

时间，是鉴定成功者成就的最伟大的权威。俄国文艺批评家别林斯基说："在所有批评家中，最伟大、最正确、最天才的是时间。"人类的一切成果，都将接受时间的批评，都将接受时间的鉴定。正因为这样，古往今来凡有远见卓识的人，都十分重视让认识去接受时间的考验。法国化学家拉瓦锡在谈到他的化学理论时说："我不期望我的观点立刻被人接受，因为只有时间的流逝才会肯定或否定我提出的见解。"法国另一个化学家巴斯德，因考察生命起源而被人们骂为骗子和小丑时，坦然地对妻子说："一个科学家应该想到的，不是当时人们对他的辱骂或表扬，而是未来若干世纪中人们将如何讲到他。"前苏联作家奥斯特洛夫斯基也说过："人生最美好的，就是在你停止生存时，也还能以你所创造的一切为人民服务。"真理是时间的女儿，一切真与假、善与恶、美与丑、崇高与渺小，时间自有鉴定。

当代，随着科学技术特别是互联网的普及所引起的信息革命的爆发，使时间产生了增值效应，正以几何级数成倍增长，能否有效地运用时间，提高时间管理的艺术，成为决定成就大小的关键因素。由于现代信息的增加，知识陈旧周期缩短，使人才越来越具有不固定性。在这种情况下，如果满足于自己已有的成就，不抓紧时间学习，就可能从昨天的英才变成今天的庸才。

成功是驾驭分分秒秒的结果

学问、事业都是时间和精力的结晶。我国伟大的文学家鲁迅曾诚恳地告诫青年们："切勿想以一年半载，几篇文章和几本期刊，便立了空前绝后的大勋业。"成功之路，是一条要经过长期艰辛的奋斗之路。成就的大小，与人们为之付出的汗水和时间成正比。达尔文经过20余年的研究，才于50岁时出版了《物种起源》；孟德尔对豌豆花进行了10年的实验，终于在44岁时发现了遗传法则；发明大王爱迪生前后经过17年，试验了1600种不同的物质，才有了我们今天所用的电灯泡的钨丝；美国科学家吉耶曼和他领导的一个小组，历时27年，处理了 27 万只羊脑，终于得到一毫克促甲状腺释放因子的样品；而哥白尼写《天体运行论》花了 36 年，马克思写《资本论》花了 40 年，歌德写《浮士德》花了 60 年。就以画虾为例来说，齐白石对问他成功秘诀的人说："余画虾数十年，始得其神。"凡此等等，无一不说明了时间与成就的关系。

据人才学家研究，立志和勤奋相结合是支配人才成长的一条重要规律。所谓"勤"，就是要求人们像珍惜生命一样去珍惜时间，我们常说，要勤于学习，勤于思考，勤于探索，勤于实践，勤于总结，就是这个道理；说到"奋"，就是要有一个坚强的信念和奋斗的目标。大教育家夸美纽斯说："勤奋可以克服一切障碍。"达尔文说："我所完成的任何科学工作，都是通过长期考虑、忍耐和勤奋得来的。"门捷列夫说："终生努力，便成天才。"要知道，成就之果并不是一伸手就可摘到，光辉的成就之峰并不是一步就可攀登上去。《红楼梦》的作者曹雪芹说："字字看来皆是血，十年辛苦不寻常。"托尔斯泰说："每次蘸墨水时，都在墨水瓶里留下自己的血肉。"著名的组织学家聂佛梅瓦基，他一生都在研究蠕虫的构造，他说："蠕虫那么长，可是人生那么短！"知识不需要货币购买，知识只有刻苦努力才能学来。从前，有个国王想了解人生的"奥秘"，他的大臣立即给他送来一马车的书对国王说："读了这些书，人生'奥秘'就知道了。"国王摇摇头说："这么多书读起来有困难，少一些吧！"隔一会儿，那大臣又背来一包袱书说："读了这些书，也就差不多了。"国王还是说太多，再少些。又隔了一些时候，大臣只带来一本书，这时国王因思念人生"奥秘"而染了重病，躺倒在床上，他看了书一眼，勉强说："看来我连一本书也看不了了，你把书里面的意思告诉我吧。"大臣点点头，还没有来得及开口，国王就死了。这个国王因想了解人生"奥秘"而染了重病，进而丧了命，求知心不可谓不切，可是不想认真花点时间去读几本书，最后只好一片雄心付之东流了。

人生以时间为尺度计算其长短，事业以时间为标准衡量其成败。没有时间，也就没有生命，没有存在，没有思想，没有希望，也就没有一切。一切都存在于时间之中，时间是一切条件中的基本条件，不珍惜时间就得不到生命的价值。在人类历史上，所有有成就的科学家、文学家、政治家、军事家，哪一个没有演奏一曲曲动人的时间之歌？因此，如果你想尽快踏上成功之路，那就首先要知道时间的价值，学会珍惜时间。

时间价值的实现在于充实的劳动

古今中外的有志者，都是充分利用了时间，进行了"充实的劳动"，从而做出光辉的业绩的。

驰名中外的中国画泰斗齐白石老人，以画花草虫鱼见长。他的画气韵生动，神形兼备，笔墨造诣十分精深。他的秘诀是"苦把流光换画禅，功夫深处见天然"。

文学家高尔基曾经说过："我是怀着忧郁的心情计算我一生的岁月的。使我心灵苦恼的是这个思想：什么我也没有破坏得了！什么我也没有创造出来！不过，我还要瞧！我要写作！我并不装腔作势，大海上的拍岸的浪潮在叫嚣，心灵里产生出新的旋律——心灵燃烧得像篝火一样，当烧成灰烬的时候我得死掉——但在死亡以前，我要照亮某些东西，我要给某些人加热——使他们变得暖热起来！"高尔基每天都在"怀着忧郁的心情"计算着有多少可以让他"拼命"的日子，所以他每天工作得像一个苦役犯一样，脊背痛得要裂开似的，感到维苏威火山的山峰在他背上生长出来。"拼命"式的"充实劳动"就是学徒高尔基成为伟大文豪的最根本原因。

为了变时间的"空洞延续"为"充实的劳动"，法国文豪雨果用了一个令人捧腹的妙法。雨果在赶写一部长篇小说时，苦于经常有些亲友邀他参加一些社交活动，这像一个功率颇大的干扰源，很容易把时间消耗掉。万不得已，他只好把自己的半边头发和胡须剃掉，这样一来，便不失礼节地谢绝了一切约会。当他的头发和胡须长起来后，他的一部新的巨著也就问世了。

为了变时间的"空洞延续"为"充实的劳动"，不少有志者做出了难以想象的牺牲。曾经带领队伍连续获得几届世界女子排球冠军的日本女排教练大松博文，带着球队一年训练364天，只在春节放了一天假。3年中，他每天陪着队员训练，猛力挥臂击球三四千次，胳膊肿得老粗，仍然咬牙坚持。3年中，他只回过几次家，连孩子在哪个学校读书都不知道，气得妻子要和他离婚，他也不动摇，终于率队夺得世界女子排球赛的金杯。另一位日本女子排球教练森隼一，为了训练球队，10年没有看过电影，不知道本国电影《追捕》《望乡》以及影片中两位著名演员的名字。

不少有志者，即使在生命的最后关头或身患绝症的情况下，也不让时间"空洞延续"，而是加倍地进行"充实的劳动"。被誉为"东洋卢梭"的日本哲学家中江兆民，得知自己患了喉头癌，只能再活一年半的时间之后，仍顽强地奋笔写成《一年有半》和《续一年有半》两部专著。特别是《续一年有半》，是他一生乃至明治年间整个日本最重要的著作之一。他的不让时间"空洞延续"的精神实在感人至深。他说："一年半，诸君说是短促，余则曰极为悠久，若欲说短，十年亦短，五十年亦短，百年亦短……若在有为且乐之时，一年半岂不足以善为利用哉！"

诗人马尔夏克在一首关于时间的诗中写道："我们知道，时间有虚实短长，全看人们赋予它的内容怎样。"时间向人们提供了发展条件，有的人生命虽短，却如日月光辉；有的人寿命虽长，反而默默无闻。关键看一个人是否进行了"充实的劳动"。李卜克内西在回忆他与恩格斯的初遇时写道："我不禁对他深怀敬意，因为他已经做了许多伟大的工作，并且比我年长5岁——这5岁简直就等于整整一个世纪。"

5岁等于一个世纪，这个不等的等式说明，时间的报偿，不仅使热爱它的人延长生命，而且还使热爱文字的人生命长存。让哭时间逝去的泪水变为汗水，变时间的"空洞延续"为"充实的劳动"吧！

时间是生命之舵

一位哲人说：时间是生命之舵。只有勤勉有为的舵手，才能驾驭生命之舟，抵达目的地。

有志的舵手把分分秒秒都看得无比珍贵。诺贝尔物理学奖得主、法国物理学家贝克勒尔于1903年首先发现了铀的放射性，成为在科学实验中发现放射性的鼻祖。当时，人们对放射性的危害还毫无认识，当然也谈不上什么防御了。贝克勒尔由于在毫无防护的条件下，长期接触放射性物质，致使健康受到严重损害。他刚过50岁，身体就垮了。那时医生找不出他的病因，只好劝他迁居疗养。但对科学着了迷的贝克勒尔怎么能舍得离开他朝夕相处的实验室呢？他对医生说："除非把我的实验室搬到我疗养的地方，否则，我绝不离开。"1908年8月25日，病魔终于夺去了这位杰出科学家的生命。我国被癌症缠身9年之久的科学研究工作者梅放，在研制诊断早期肝癌Ⅱ号造影剂时，因为国内当时尚不能生产的颗粒研磨机一直无法进口，而广州市白云山制药厂愿意为梅放提供科研和工作便利，病得连路都走不动的梅放立即惜别大上海，自愿去广州工作。这些卓有成就的人正是因为牢牢地把握住了生命之舵——时间，所以，也就使自己的生命更有效，一个个胜利地抵达目的地。

人生如行舟。在人生的旅途上，既有惊涛骇浪，也有急流险滩，更有那花前月下的男女柔情使你陶醉，吃喝玩乐的享乐主义使你迷恋，金钱筑起的玲珑塔把你诱惑。在同一时代的江流河海中生活的千千万万素不相识的人们，有的超群出众，贡献卓著；有的半途而废，功亏一篑；有的白发暮年，徒自伤悲。这种差异固然原因很多，但能否紧紧把握住生命之舵——时间，却是其中最重要的原因。

佛朗西斯·培根曾经戏谑地说道：就是神在爱情中也难保持聪明。在花前月下的男女柔情之中有人因而丧志，苟且缠绵于小家庭的温暖中，可悲地沦为爱的囚徒，使大好时光白白流去。更有甚者，因爱情的丧失而导致终生的不幸。唯有那些有志者却将恋歌化入事业奋进交响曲之中，使爱跨越时间和空间，获得了永恒。对于他们来说，即使是爱情的丧失，也往往能激励他们事业上潜能的爆发。丹麦医学家芬生在中学毕业时，爱上了一个渔家姑娘，正当他沉醉于初恋的柔情蜜意之中时，他不幸染上了可怕的胞囊虫病。渔家姑娘拒绝了他的爱情，使芬生陷入深深的痛苦之中。就在那年秋天，芬生考进了丹麦的哥本哈根大学医学院，他决心奋斗苦学，用对事业的追求来冲淡失恋的痛苦。当他从医学院毕业，留校任解剖学实验助教时，得知那位渔家姑娘早已与别人结婚后，内心感到非常烦恼。但他时时告诫自己要坚强，要镇定，一定不能被感情所左右。他在自己的座右铭中写道："你一天到晚心烦意乱，必定一事无成。你既然期望辉煌伟大的一生，那么就应该从今天起，以毫不动摇的决心和坚定不移的信念，凭自己的智慧和毅力，去创造你和人类的快乐。只有这样，你的生命才能焕发青春。只要你的言行服从于你的理想，那你就把握住了赢得健康、快乐、幸福的真谛。"芬生以自己的实际行动实现了自己的誓言。在身体瘫痪的情况下，他竟靠坐在轮椅上，让人推着去指导研究所的工作，发明了光线治疗狼疮，因而获得了1901年生理学和医学诺贝尔奖。

如果你把生命之舵交给了吃喝玩乐，一旦让它们变成人生的主宰，那将是最大的不幸。正如德谟克里特说的那样："对一切沉溺于口腹之乐，并在吃、喝、情爱方面过度的人，快乐的时间是很短的，就只是当他们吃着、喝着的时候是快乐的，而随之而来的坏处却很大。对同一些东西的欲望持续不断地向他们袭来，而当他们得到他们所需要的东西时，他们所尝到的快乐很快就过去了。除了瞬息即逝的快乐之外，这一切之中丝毫没有什么好东西，因为总是重新又感觉到有需要来满足。"只有把幸福和快乐融进伟大事业的人，快乐和幸福就犹如一滴水融进大海，永远不会消失。当法国大画家毕加索作画时，他闭户不出，甚至几天几夜不吃不睡，有人为他感到痛苦。他回答说："疲劳是人体的感觉，而当我作画的时候，只有一心一意，形骸则寄存于画室之外，就像穆斯林进寺院前先把鞋留在门外一样。"在毕加索看来，离开了创作，即使最奢侈的物质生活都是暗淡无光的，他的快乐和幸福只存在于作画之中。

"当你占有了一件东西，它同时也就占有了你。"确实，在我们有限的时间和精力中，如果过多地占有物质，同时也会被物质所占有。所以，有作为的人，都是那种精心选择占有的人。

正如诺贝尔说的那样："金钱这东西，只要能够解决个人的生活需要就行，若是过多了，它会成为遏制人类才能的祸害。"人生短暂，时间无限珍贵。意大利总统佩尔蒂尼1980年访问中国时说过："我在青年面前算不得什么。如果你们能给我青春，我宁愿把总统的职务交给你们。"让我们紧紧把握住生命之舵——时间吧！

珍惜可以支配的每一分钟

我国清代诗人张际亮在《自题读书斋壁》一文中叹道："夫人之生世也，其大约准之七十，前之为童子者凡十几年，后之老而耄者又十几年，其间可以笃志于学者约四十年耳！而仕宦、疾病、奔走、婚嫁、丧祭、酬应、嬉游之日又分之。是以古之贤人君子，恒汲汲然，不敢一日自废惰，期其学之克成焉而已。"

是啊，人生的"名义时间"虽有70年之多（很多人还达不到），但其中笃志于学者的"实际时间"也只有40年左右，还要七折八扣，又要扣除睡眠花费的生命三分之一的时间，那么可供支配的"纯时间"确实不多了。所以，人生既是漫长的，又是短暂的，那就更要求我们认真思考人生的价值和时间的价值。法国哲学家兼文学家伏尔泰，在对人的生命时间进行了种种扣除时，产生了悲观的情绪："那我们就一无所余了。对了，可怜的东西，你还有什么可自豪的呀！"当他理智地思考人的价值时，又乐观了："在所有的动物中，最完善、最幸福、最长寿的是人。"

面对人生的短暂，产生了两种不同的时间观。据说德国大诗人歌德的孙子，在自己的纪念册上抄了作家让·保尔的一句话："人生在这里有两分半钟的时间：一分钟微笑，一分钟叹息，半分钟爱，因为在爱的这半分钟间他死去了。"

生命的短暂，人生可供利用的"纯时间"的短暂，使很多的成功人士惊醒。爱迪生大声疾呼："生命是如此短促，我有许多事要做，必须争分夺秒啊。"一个"争"，一个"夺"，两个字用得多好！时间是转瞬即逝的，只有"争""夺"，那分分秒秒才能被我们抓住，如果不"争"、不"夺"，那许许多多分分秒秒，就会白白流去。古今中外的成功者，无一不是非常珍惜可供利用的"纯时间"的人。世界著名音乐家柴可夫斯基，有一天正在专心地工作，忽然听见了叩门声，原来是仆人送来了饭菜。柴可夫斯基一见就立刻喊道："快拿回去。""为什么？先生，是不是菜烧坏了？"仆人摸不着头脑，瞪着眼睛问道。"不，"柴可夫斯基说，"菜烧得很好，但是离开饭的时间还有二十分钟呢。时间是很宝贵的，别小看这二十分钟，我还可以利用来写很多东西呢！"

小心偷走时间的"窃贼"

一位管理学家针对繁忙的经理人行为进行了超过十年的观察与研究，得到了这样一个令人惊讶的结论：90%的经理人都把时间浪费在了各种形式无效的行为上。为什么有的经理人能在极短的时间内处理好工作，有的却在面对相同工作量的情况下拼命争取时间而仍显得碌碌无为，他们的不同之处就在于对时间的管理。没有很好地管理时间的人，就像无头苍蝇一样没有方向地到处乱飞，自然谈不上什么工作成就。而那些懂得管理时间的人，则能够很好地掌控他们的工作和生活。

在工作中，不管是总经理还是普通员工，要想高效率地做好工作，要想使工作和生活达到平衡，保持和谐，就得在工作中提防八大时间"窃贼"。

1.时间"窃贼"之一：办公室杂乱不堪。

日本著名的时间管理专家下保进在《别再说时间不够用》一书中指出：办公环境杂乱无章，办公桌面上的资料随意乱放，抽屉里塞满办公用品，会使人平均每年浪费掉6个星期的时间，这意味着，他们每年要损失10%的时间。办公环境杂乱无章主要表现在办公桌上，有的经理人没有随手整理文件、计划书的习惯，看完的文件随手丢在桌子上，时间一长，这些东西就会在办公桌上堆积成山，当需要某个文件时，只好到处翻找，而且越急越找不到，越出乱子，这样就更耽误时间了。所以，防止这一时间"窃贼"的最佳方法是：没有用的东西扔掉，有用的东西就分门别类地整理好。

2.时间"窃贼"之二：没有明确的工作目标。

在工作中，需要经理人亲自决策、管理、调查的事情很多，而且有的事情比较急。面对这些状况，部分经理人心浮气躁，失去目标。比如想到车间去检查工作，走到半路上又决定回去写一份计划书，计划书写了一半，又放下准备召开一个会议……结果一天内做了很多事情，可一件事也没有做完，一件事也没有落到实处。防止这一时间"窃贼"的最佳方法是：集中精力，专注地把一件事情做好后，再着手处理下一件事情。

3.时间"窃贼"之三：不做任何准备。

准备与否是影响工作品质的重要因素，没有准备就贸然行事，结果必然不佳。因此，经理人有必要力行"准备八分，当日二分"的工作方法，也就是说任何工作都先准备好8成，当日执行时只要做好剩下的2成就可以了。比如，一位经理想在周末会议上给员工讲讲公司产品和市场上同类产品的差异，可是，由于会议仓促，他没有整理出有关数据，结果他的讲话就没有说服力，这次会议就成了一次失败的会议。

4.时间"窃贼"之四：缺乏沟通。

事前不沟通，重大事件发生时，就难以让下属理解和接受。如某公司经理突然做出有关公司3名中层干部职务调整的决定，但他事前没有和这3名中层干部进行沟通，而是让人事经理直接公布了调整决定，结果这3名中层干部很难接受突然调动的决定，为此产生抵触情绪，致使工作一下子陷入僵局。工作中缺乏沟通最容易造成时间的无谓浪费，因为缺乏沟通，彼此无法配合而增加了等待时间；因为缺乏沟通，对下属的情况了解不够，前边已经做过的工作又要花时间修正；因为缺乏沟通，对公司已有的情报又需要重新收集……这些都是因为缺乏沟通而导致的时间浪费。

5.时间"窃贼"之五：成为电话的奴隶。

改变电话的使用方式。有一部分经理人成了电话的奴隶，而不是把电话作为有效工具使用。要避免这种现象发生，就不要把电话直接接入办公室，可以事先告诉秘书，哪些电话秘书可以直接接，哪些电话由秘书问明事情的重要程度后，根据重要程度，再转告经理本人。另外，一天当中划出一段时间专门用于接打电话。记住：电话是为了方便自己的工作设置的，而不应该本末倒置。

6.时间"窃贼"之六：消极情绪。

情绪波动能使人失去干劲，工作效率下降。如果一个人怀有戒心、妒忌、愤怒及其他消极情绪，就难以把精力都用在工作上，这样就把本来有所作为的时间浪费掉了。因此，要学会管理自己的情绪，不要随便发脾气，不要随便动怒，不要没有限度地批评下属，等等。当一个人心情愉快时，他的工作效率也会随之提高。

7. 时间"窃贼"之七：拖沓的习惯。

许多经理人在工作中把拖沓变成了习惯，本来一个小时可以处理完的事情，他可能会拖一天，甚至下属送来的销售报告等着签字，他也可能一放就是一个星期。当经理人发现自己有拖沓的毛病时，就要静下心来想一想，确定自己的改进方向，定出一个最后期限，然后努力遵守。渐渐地，经理人的工作效率就会大大提高。

8. 时间"窃贼"之八：对问题缺乏正确的认识。

有的经理人在获得解决某个问题所需要的足够资料之前，就试图着手解决这个问题，他们的工作作风与拖沓者正好相反。想迅速解决问题的愿望是好的，但行动显得太匆忙。这样匆忙做出的决定在执行过程中很难保证不出偏差，一旦出了偏差，只好推倒重来，这就容易给工作带来麻烦。防止时机未到就开始行动的最好方法是在得到足够资料之前耐心等待，积极思考，全面剖析问题的实质，当准备工作全部就绪，就一定能找出行之有效的应对方案。

树立现代管理的时间观念

时间是宝贵的，它转瞬即逝，永不返回。美国当代最著名的成功创业家及战略顾问安东尼·罗宾指出："作为一个经理人，要管理好资金、设备和人，然而，最棘手的还是如何管理时间。"做好时间管理，对于经理人而言，不仅意味着丰厚的经济利益，更彰显了出色的经济意识。

1. 时间管理法则一：认清工作的特性。

每件工作都有它时间上的特性。有些工作要花很长一段时间并持之以恒才会有结果，例如学习一门语言；有些工作则能在短时间内完成，例如学习某种机器操作。因此，必须认清这些工作的时间特性，如学习一门语言，想在短时间内获得成果，恐怕很难办到，其结果往往是半途而废，浪费了原先投入的时间。最好是每天花一个半小时来学习，并持之以恒才能见到效果。

2. 时间管理法则二：专注如一，远离琐碎。

很多经理人都习惯一边打电话一边翻看手中的文件，或是向进来汇报工作的秘书打着各种发号施令的手势……当然，一心多用是一种了不起的工作能力，但这往往会使经理人不知不觉地在琐碎小事上浪费了很多时间。有这样一句俗语："该干什么的时候就干什么。"这句话非常有道理。所以，经理人在处理一件事情的时候要尽可能专注，一次只做一件事情，一个时期只有一个重点，切忌只顾追求表面上的高效率，不停地盲目加速，而忘记了自己的工作重心。如果学会了专注于做重要的事情，就能掌握主动权，提高工作效率，并最终为自己赢得时间。

3. 时间管理法则三：创造有效的时间。

每人每天所能支配的时间是固定的，但可通过下列手段，创造出更多的有效工作时间。

（1）让工具为自己工作。在工作中，不只是下属能够分担工作任务，还有各种工具也能够承担并完成工作任务。如使用计算机、复印机、传真机等机器设备及自动化或半自动化测定仪器等，都能节省工作时间，获得更多的有效工作时间。

（2）采用格式化信函。许多商业信函和表格都可以借助计算机将其格式化，格式化的信函和表格只需几秒钟就可以输出。电子邮件的地址列表也有类似的功效。

（3）运用现有的经验、情报。同样的工作，如果运用已有的工作方法或标准，能节省经理人重新思考该工作的时间，运用公司已有的情报也能省下自行收集的时间。

4.时间管理法则四：善用"旅途"时间。

经理人几乎每年都有一段时间在飞机、火车、轮船、汽车等交通工具上度过，他们在旅途中度过的时间比普通人多，有些经理人非常善于利用这段时间。

艾米丽是一家咨询公司的总经理，她平均每年要负责处理20宗大案件，而且她的大部分时间都是在飞机上度过的。

艾米丽认为和客户保持良好的关系非常重要，所以，她经常在候机时给她的客户发电子邮件。她说："我已经习惯这种工作方式，时间是宝贵的，我没有理由浪费时间。"

5.时间管理法则五：随时"盘点"时间。

为了使时间的使用更趋合理，使用时间也需定期"盘点"。盘点，始于计划。

管理大师奥格·曼狄诺指出："制订计划有两种情况：一种是漫不经心的，好比业余摄影爱好者随便捕捉几个镜头就匆忙冲洗照片，结果往往令人沮丧；另一种是严肃认真的，如同专业摄影师不但事前认真选择镜头，而且冲洗照片后还要仔细研究，经过剪切、曝光等一系列程序，从中选出几张最好的照片予以再加工，终于成为获奖照片。"有了计划之后，就要"盘点"可以投入的时间，确定处理问题的先后次序，规定出完成的最后期限。每隔一段时间，就要主动对计划进行重新评价和对投入的时间进行"盘点"。时间是常数，只要运用得当，就能从时间中产生巨大的经济效益。

时间的价值与人生的发展和成功密切相关。一个人如果在时间面前是一个弱者，那他将永远是一个弱者，因为放弃时间的人，时间也放弃了他。一个人如果在时间面前是一个强者，那他将是一个真正的成功者。

6.时间管理法则六：根据工作的重要程度分配时间。

重大事情分配较多的时间，不特别重要的事情分配较少的时间，但在实际工作中不少人却做不到，往往花费较多的时间处理小事情或别人请求协助的事情，反而把重要的事情一拖再拖。

7.时间管理法则七：适时休息。

身体会疲劳，精神也会疲劳，盲目地死拼硬干并不能保证优异的工作质量。因此，当感到精神不佳或提不起劲儿时，最好先休息一会儿，然后再继续工作。适当休息有利于身心放松、陶冶精神和人际交流。在感到疲劳时休息片刻，既可以避免因疲劳过度而导致的各种疾病，又可使自己始终保持较好的"竞技状态"，进而大大提高工作效率。

第二章

明确目标：方向正确才能用好时间

目标与时间有关系吗？时间管理专家给出了一个肯定的回答：是的，有关系。明确而清晰的目标对于一个人的成功起着至关重要的作用。所以说，有一个正确的目标，你才能利用好时间。

明确的目标是掌控时间的关键

关于目标的作用，耶鲁大学曾就这一问题在一群智力与年龄都相近的优秀年轻人中进行过一次调查，调查结果如下：

3%的人有自己清晰的目标，后来他们几乎都成了社会各界的精英、行业领袖；10%的人有清晰但比较短期的目标，后来他们几乎都是各个领域的成功人士，生活在社会的中上层，事业有成；60%的人只有一些模糊的目标，后来他们基本上属于大众群体，生活在社会的中下层，事业平平；27%的人没有目标，后来他们过得很不如意，工作不稳定，常常怨天尤人。

由此可见，明确而清晰的目标对于一个人的成功起着至关重要的作用。所以，掌握时间应该有的放矢，日常活动都要紧紧围绕着这个目标进行。

下面，请看一个真实的故事：

美国海岸警卫队有一名厨师。这名厨师在空余时间代同事写情书，写了一段时间以后，他觉得自己突然爱上了写作。他给自己订立了一个目标：用2到3年的时间完成一部长篇小说。他立刻行动起来，每天晚上，大家都去娱乐了，他却躲在屋子里不停地写作。

这样整整写了8年以后，他终于第一次在杂志上发表了自己的作品，可这仅仅是一个小小的豆腐块文章，稿酬也只不过是100美元。他并没有灰心，相反，他从中看到了自己的潜能。

从美国海岸警卫队退役以后，他仍然写个不停。但是稿费没有多少，欠款却越来越多，有时候，他甚至没有买面包的钱。

朋友们见他实在太贫穷了，就给他介绍了一份到政府部门工作的差事，可他却拒绝了。他说："我要做一个作家，我必须不停地写作。"

又经过几年的努力，他终于写出了一本书。为了这本书，他花费了整整 12 年的时间，忍受了常人难以承受的艰难困苦。因为不停地写作，他的手指已经变形，他的视力也下降了许多。

然而，他成功了！小说出版后立刻引起了巨大轰动，仅在美国就发行了 160 万册精装本和 370 万册平装本。

这部小说还被改编成了电视连续剧，观众超过 1.3 亿人，创下了电视收视率历史最高纪录。

这位作家的名字叫哈利，他获得了普利策奖，收入一下子超过了 500 万美元。他的成名之作就是《根》这本书。

无论做什么工作，谁都期待有一个最好的结果，这个结果就是努力希望达到的最终目标。如果没有明确的目标，就不可能有积极的行动，也就不可能收获丰硕的成果。那些工作效率高的人都具有一个明显的特征：他们往往在做事情之前，就清楚地知道自己要达到什么目标，也知道为了实现目标，哪些事情是必须做的，因而能事半功倍，在最短的时间内实现自己的既定目标。

目标对时间管理的重要性是显而易见的，当不断向目标努力时，目标就会成为指明方向、激励自己不断前进的动力。

从耶鲁大学的调查中我们知道，3% 的成年人会写下自己的目标，并据此为每天的工作制订计划。当你能坐下来写出自己的目标时，你就跻身于这 3% 的成功人士之中了。

清晰的目标能帮助我们走向正确的方向，不至于走许多冤枉路，就好像赛跑选手一样，他们都是朝着终点进发，目标就是第一个冲线。更重要的是确定目标能使我们集中意志力，并清楚地知道要怎样做才能有所收获。

不过，在制定目标时要注意以下几点：

1.对每一个渴望成功的人来说，制订的奋斗目标都要与自身情况相符。制定目标时，首先要充分估价自身的能力条件，并对周围的环境有一个清楚的认识，这样才能沿着正确的方向前进，否则，就会徒劳无功。

2.目标制订后，要立即付诸行动，并且拟定与目标相关的工作日程表。比如，计划两年内要当技术部经理，那么就要写下今年要达到的目标，再定出每个月要实现的目标，以及每周、每天要做的事。如果只有计划而无行动或所作所为没有为目标服务，那么最终也会一无所获。

3.要对自己有信心。在实现目标的过程中，肯定会遇到困难，这就要求自己必须坚持下去，要按计划有步骤地做好为实现目标所做的每一项工作，要用看得见的目标不断鼓励自己，而不要轻言放弃。

把握好方向比努力更重要

哲学家漫步于田野中，发现水田当中新插的秧苗竟排列得如此整齐，犹如用尺量过一样。他不禁好奇地问田中的老农，是如何办到的。

老农忙着插秧，头也不抬，要他自己插插看。哲学家卷起裤管，喜滋滋地插完一排秧苗，结果竟是参差不齐，惨不忍睹。他再次请教老农，老农告诉他，在弯腰插秧时，眼睛要盯住一样东西。

哲学家照做，不料这次插好的秧苗,竟成了一道弯曲的弧线。

老农问他："你是否盯住了一样东西？"

"是啊，我盯住了那边吃草的水牛，那可是一个大目标啊！"

"水牛边走边吃草，而你插的秧苗也跟着移动，你想这个弧形是怎么来的？"

哲学家恍然大悟，这次，他选定了远处的一棵大树，果然插出来的秧苗非常直。

老农并不比哲学家有智慧，但他懂得去比照目标做事。

为什么有的人在工作中能创造出很高的效率，而有的人忙忙碌碌却最终一事无成呢？关键在于后者没有注意到所做的事情的方向性，把他们的精力消耗在了偏离方向的不重要的事情上，从而做了一些无用功。他们在羡慕他人成功的同时还往往不知道自己的失误到底在哪里。

有这样一个真实的故事。

18世纪后半叶，欧洲探险家来到澳大利亚，发现了这块"新大陆"。1802年，英国派弗林达斯船长带船队驶向澳大利亚，想以最快的速度占领这块宝地。与此同时，法国的拿破仑为了同样的目的也派阿梅兰船长驾驶三桅船前往澳大利亚。于是，英国和法国进行了一场时间上的比赛。

法国先进的三桅快船很快捷足先登，占领了澳大利亚的维多利亚，并将该地命名为"拿破仑领地"。随后他们以为大功告成，便放松了警惕。他们发现了当地特有的一种珍稀蝴蝶，为了捕捉这种蝴蝶，他们全体出动，一直纵深追入澳大利亚腹地。

这时候，英国人也来到了这里，当他们看到法国人的船只，以为法国人已占领了此地，非常沮丧。但仔细一看却没发现法国人，于是，船长立即命令手下人安营扎寨，并迅速给英国首相报去喜讯。

等到法国人兴高采烈地带着蝴蝶回来时，这块面积相当于英国大小的土地，已经牢牢地掌握在英国人的手中了，留给他们的只是无尽的悔恨。

法国人虽然提前到达了目的地，但是他们在没有完全达成目的时不小心就偏离了自己的方向，导致功亏一篑，前功尽弃。这个惨痛的教训告诉我们，不论是学习还是工作，都必须注意行动的方向性和有效性。这样不仅节省时间，同时也有成效，从而避免忙忙碌碌而又毫无所为。一个最简单的做法就是经常问一问自己，我的目标是什么？我的所作所为对实现目标是否有益？

善于利用时间的人都有一个共性，就是善于把握方向。无论他们做什么事情，都把目标看得很清楚后才开始行动。如果没有明确的目标，一味地蛮干，是绝不会获取成功、到达理想的彼岸的。现代管理者最重要的做事原则就是，要时刻清醒地认识到自己是什么样的人和要做什么样的事情。

如果拼命地在错误的事情上浪费精力、努力工作，即使是做得十全十美，那也只能是南辕北辙，不会给生活带来成功和快乐。

很多人在生意场上或是在工作中，以赚钱或是获得名誉为唯一的目标，并且把这一目标无限扩大，使自己总是处于紧张、繁忙和无序的状态中，很少考虑他们的职业技能、生意天赋、兴趣爱好等其他方面的问题。在行动的方向上，总是处于盲从的状态，而不是根据自己的实际状况来考虑问题，这样的结果，会使自己对工作失去乐趣和激情，最终只能面对失败的结果。

保持自我是很重要的，忠于自己的梦想和克制随波逐流的欲望，无论是在工作中还是在生活中，都要意识到，你的生活选择是你自己做出的。

如果你不满意你现在的状态，想让你的住房更大些，或是想拥有一部你做梦都想要的汽车，那么你就要为你的梦想付出代价，这个代价就是在你的生活中有一些改变。某种程度上，你要付出得多一些，多思考，改变工作方式，更聪明地工作，如此一来，你总会得到你想要的。

有很多的改变都是前进路上的方向标，虽然这些改变看上去很细微，但是它们的作用要比速度重要得多。人生的路，就好像是一次旅行，可以有不同的速度，但首先要明确方向，大多数人在匆匆赶路的时候，不考虑方向的问题，结果去了一些根本不值得去的地方。没有了方向，速度就失去了意义，要记住，方向永远比速度更重要。

"跛足而不迷路的人能赶过虽健步如飞但误入歧途的人。"根据自己的才能特点，发挥自己的优势，选择适当的学习目标，这样，才能少走弯路，快出成果，早日踏上成功之路。

没有目标的努力，有如在黑暗中远行。

决定方向的因素有很多，要在生活中对它们进行严格的审视，比如你选择什么样的人作朋友、你的时间安排、创造性思维的能力、热情、对工作的态度，等等。不要小看每一天的生活状态和快乐指数，这些可能都在潜移默化地影响着你对事物的看法。坚持自己的正确观点，付出勇气和行动，为驱动力加油，这的确是一种简单而有效的成功方法。

事实上，在通往成功的路上会有很多障碍，即使你运用了比较轻松而有效的工作方法，要想获得更多，还是要付出努力的。你要时刻提醒自己，在成功的路上，一定要表现出耐心和战胜困难的决心，如果通过自己的努力而获得了你在生活中从来没有过的成就，那样的快乐和满足感，会比生下来就富有的人高出几百倍，这种生命的体验不是更有成就感吗？

关于自己的人生方向你是否已有规划？也许你仍在学校里继续深造，但这不会影响你为自己设计未来的美好蓝图，有了这蓝图，你才不会浪费过多的时间，因为"时间就是金钱"；也许你已是一个社会人，那就更应该了解有一个目标会使你少做很多的无用功，能更轻松、更快捷、更有效地取得成功。

所以，无论做什么事都要掌握好方向性，即目标性。

专心致志于你选择的目标

古往今来，凡是有成就的人，都很注意把时间用在一个目标上，专心致志，集中突破，这是他们成功的最佳方案。据说德国考古学家施利曼起誓要找到特洛伊遗墟的时候才 8 岁。历史上不少人被埋没，除了社会原因之外，没有找到他们为之献身的具体事业目标，东一榔头西一棒子，今日种瓜，明日种豆，是他们被埋没的一个重要原因。但是，选择具体目标，却并非一件易事，因为目标的选择要考虑到社会的需要、对本人才能的自我认识、家庭及工作岗位等一系列原因。所以，不少年轻人和中年人也知道要学习，多学一点总有好处，也不乏献身的热情，但提到选择目标，却望而生畏，他们认为专业已明确的，不用选择目标，专业不明确的，很难选择目标。他们感到最困扰的是本职工作、爱好与选择目标的矛盾。其实，在多数情况下，可以通过主观的调节结合进行。结合本职工作选择目标，两者相辅相成，理论与实践紧密结合，比较容易取得支持与环境的助力；结合本人爱好选择目标，则由于兴趣所在，往往能倾注全部心力于其间。

因为一般说来，业余学习时间终究有限，而在这个知识爆炸的年代，如何才能不使自己的头脑成为浩繁知识的贮藏库，有选择地学习一些有用的知识，并让它们迅速地转化为聪明才智呢？有效的方法就是将业余学习与本职工作结合起来，以工作需要为根据，确定学习的重点与方向，另外，把业余学习和本职工作结合起来，也符合人类思维的发展规律。人们的思维发展表现为认识的逐渐深化过程，把业余学习时的思维活动与工作实践中的思维活动联系起来，就能发展并深化白天工作实践中的思维活动。许多业余学习和本职工作结合得好的经验证明，白天工作中遇到的难题，常常在业余学习中得到解答。不管是结合本职工作选择目标，还是根据爱好选择目标，都要有所弃，才能有所取；有所不为才能大有所为。

也有些人可能感到设计终身目标有困难，也可以先做短期设计，就是在一段时间内专攻一个课题，把其他无关的书先放一放，待有成绩后，再变换新的题目。总之，要认准一个目标，集中精力和时间深钻下去，力求掌握系统知识，搞出一点成绩来，继而取得辉煌成果，而不要在朝秦暮楚、一日三变中，贻误自己宝贵的青春和才能。文学家高尔基就是经过无数次失败后才走上了写小说的道路。开始他爱好戏剧，但此路不通，他又想去当马戏演员，那里的人却说："你来晚了，你的岁数太大，骨头硬了。"他又学写诗，写了厚厚一本，送给一位作家看，这位作家看后说："我觉得你的诗很难懂。"后来遇到一位革命家，高尔基常讲自己流浪生活的遭遇，有一次讲到自己遇见吉卜赛人的情形，那位革命家叫他写下来。高尔基硬着头皮写了下来，第二天送到《高加索报》编辑部，一位老编辑看了连连说："好！好！但你还没有署名呢，你是谁？"高尔基踌躇了一会儿，坚决地说："好吧，就这样署名：高尔基，马克西姆·高尔基。"从此，一颗文坛上的明星升起来了。

但是大多数人不想试着超越自己可能性的极限，他们一辈子也不想试着了解他们能干些什么，不能干些什么。他们不知道，什么是他们才华的闪光点。前苏联当代作家格拉宁说："这种审慎稳妥在科学界是最可悲的。""如果每个人都能知道自己能干些什么，那生活会变得多么美好！因为每个人的能力都比他自己感觉到的大得多。"如前苏联戏剧家斯坦尼斯拉夫斯基的大姐，原在剧场负责服装、布景一类的杂活，一次女主角有病，她代其上场表演，演得出人意料的成功。斯坦尼斯拉夫斯基用《一个偶然发现的天才》为题记叙了这件事。

既然每个人身上都有不同的才能点，大自然又平等地赋予了全人类每个成员共同的财产——时间，为什么有的人成了巨人？有的人成了庸人？也许有的人会说，只有绝顶聪明的人才能够成功，其实，智力一般的人只要善于选择目标，也可成就大事业。珍妮·古道尔并没有过人的才智，但却有超人的毅力，所以她没有去攻读数学、物理学，而是进到非洲森林里考察黑猩猩，终于成了一个有成就的科学家。另外，人的才能也可以通过后天的学习、培养、实践来获得。在获得医学生理学诺贝尔奖的 92 名美国人中，有 48 人是在前诺贝尔奖得主的指导下工作的。陈景润之所以能在数学上有重大突破，与他中学的数学老师沈元的启发教育有关。从实践上看，人的才能是与每个人后天参加社会实践的深度和广度紧密联系的。如音乐家有高度发达的听觉鉴别能力，画家有高度发达的视觉观察能力。只要专心致志于你所选择的目标，你也终有成功的一天！

学会逐一实现你的目标

一个人没有目标，他肯定不能成功，但是如果目标过大，就应学会把大目标分解成很多个具体的小目标，否则，很长一段时期你仍达不到目标，就会让你觉得非常疲惫，继而容易产生懈怠心理，甚至你可能会认为没有成功的希望而放弃你的追求。如果将大目标分解成具体的小目标，分阶段地逐一实现，你可以尝到成功的喜悦，继而产生更大的动力去实现下一阶段的目标，不要说"笑到最后才是笑得最好的人"，经常让自己笑一笑，分阶段的成功加起来就是最后的成功。

25 岁的时候，雷因因失业而挨饿，他白天就在马路上乱走，目的只有一个，躲避房东讨租。

一天他在 42 号街碰到了著名歌唱家夏里宾先生。雷因在失业前，曾经采访过他。但是他没想到的是，夏里宾竟然一眼就认出了他。

"很忙吗？"他问雷因。

雷因含糊地回答了他，夏里宾一眼看出了他的现状。

"我住的旅馆在第帕号街，跟我一同走过去好不好？""走过去？但是，夏里宾先生，60 个街口，可不近呢。"

"胡说"，夏里宾笑着说，"只有 5 个街口"。

"可明明……"雷因不解。

"是的，我说的是第 6 号街的一家射击游艺场。"

这话有些所答非所问，但雷因还是顺从地跟他走了。"现在"，到达射击场时，夏里宾先生说，"只有 11 个街口了"。

不多一会儿，他们到了卡纳奇剧院。

"现在，只有 5 个街口就到动物园了。"

又走了 12 个街口，他们在夏里宾先生住的旅馆前停了下来。奇怪得很，雷因并不觉得怎么疲惫。

夏里宾给他解释不疲惫的理由："今天的走路，你可以常常记在心里，这是生活艺术的一个教训。你与你的目标无论有多遥远的距离，都不要担心，把你的精神集中在 5 个街口的距离，别让那遥远的未来令你烦恼。"

1984 年，在东京国际马拉松邀请赛上，名不见经传的日本选手山田本一出人意外地夺得了世界冠军。当记者问他凭什么取胜时，他只说了"凭智慧战胜对手"这么一句话，当时许多人认为这纯属偶然，山田本一在故弄玄虚。

两年后，在意大利国际马拉松邀请赛上，山田本一再次夺冠。记者又请他谈经验，性情木讷的山田本一还是那句话。他把所有的比赛都准备得充分完善，相关的业界知识加之多方面的努力积累，终于使她在第一年的年终，创造了空前的记录，以后的比赛效果更佳。

山田本一自己做了一个结论："以前，我不是不曾考虑过要扩展业绩、提升自己的工作成就。但是因为我从来只是想想而已，不曾付诸行动，当然所有的愿望都落空了。自从我明确设立了目标，以及为了切实实现目标而设定具体的数字和期限后，我才真正感觉到，强大的推动力正在鞭策我去达成它。"

在平常生活、工作中，我们都会有自己的目标，达到目标的成功关键在于把目标细化、具体化，让自己每天有一个小目标。

每个人不但要有一个人生目标，而且每天应有一个小目标。小目标也许不是什么宏图大业，也不是高远的志向，仅仅只是一件平常的事情，但你今天一定要去完成它，这样你才能感到满足和快乐。

自己完成的一幅画可以让你欣赏许多天，甚至许多年。也许它不是杰作，但这并不要紧。问题是：你是不是把你的精力画进去了？这幅画比起你上次所画的，是不是付出得更多？你要不要将它装裱，挂在你的客厅之中？不吗？嗯，这回也许可以挂在你的卧室里，下次再挂在客厅里。

你要不停地前进，尽力把每一件事情做好。进一步说，假如你还没有目标，那就不妨继续前进——自然会找到目标。

一位著名的整容医师讲了这样一件事：

最近，一位女士请教关于消除面部皱纹的事。她说她没有让家人知道，就悄悄来到我的诊所，是不是一种错误。

"你怎么不告诉他们？"我问。

"他们会反对的。我的丈夫和女儿会认为我虚浮愚蠢。"

我说："我多年来从未见过一个完全出于虚荣的病例。人们求助于整形外科医生，很多是基于心理学上的、社会学上的和经济学上的原因，他们除去缺陷是为了要在生活上重整旗鼓。"

她说："大夫，你说对了，我是想重整旗鼓。我要为我的家人而尽力变得好看一点。"

"你不妨向他们解释一番。"我建议道。

后来，我为她动了手术，在住院期间她对我说，她未能向她丈夫说明。手术成功了，但她的丈夫十分恼火，不肯谅解她。

人总是阻挡前进的意图——就像这位太太的丈夫所做的那样，以致使她的内心留下了比面部更深的皱纹。整形外科无法消除这种内心的皱纹，只有谅解才可消除。

得克萨斯州休斯敦市两位女士写信给我，说她们读了一些成功书籍之后，便开始运用其中的原理和原则。她们在信中表示，我为她们找到了可能的新境界，使她们尝试了以前连想也不敢想的计划。

她们知道了行事的限制，于是又谋划了事业发展的范围，因此，她们得以自由自在地去从事下列的事情：

写一本儿童读物；

写一部剧本；

写一部神秘小说；

筹组一个公司；

想了两个新的游戏，准备投给杂志。

所有这一切，她们仅仅花了一年时间。

"我们两个都有全天上班的工作。"她们还说，"请不要叫我们慢慢来，我们在享受我们人生的乐趣……如果遭遇阻碍，我们会想办法——办法自会出来……我们认为，所有的这一切，都应该感谢你……"

她们自己设定目标后，克服了她们一直无法克服的实际障碍，大大地感到了她们向前迈进的价值，最后又让她们的成功机运在她们的创造能力范围之内发生了作用。

你也许不必像她们那样设定那么多的目标，也没有必要像她们那样雄心勃勃，不过，你和她们一样拥有成功的潜力，你要把它发挥出来，而不要阻塞它。

上天让你生存于世上，并非叫你郁郁寡欢；上天给了你获得成功的能力，你必须加以运用。

假如你有困难，假如你遭遇了障碍，那只说明你和大多数人一样。海伦·凯勒一生的故事应该是人尽皆知的，她克服了机能上的障碍，获得了不可思议的成就。你也许不知道，著名的护士南丁格尔原先患了很重的忧郁症，但她的慈善服务使她相信：她并不是垂死之人。

只要你相信自己，去做你想要做的事情，你的成就将会使你自己感到惊奇。

你觉得人们有趣吗？或者，你觉得他们讨厌吗？你是否愿和别人交往？或者，你是否避免与人打交道？

你和别人的关系，也是你要着重注意的。这些关系相当复杂，许多人低估了它们的复杂性。我们的友谊极有改善的必要。

现代社会，人与人之间，挡住真正友谊之道的问题很多：矛盾冲突、禁忌、毫无理由的怒气、缺乏聆听的耐心、自我中心的态度、多年的宿怨、不能容忍个别的差异……如果把妨碍人们彼此友好交往的要素编列起来，将可以编成一本书。

但是，真理永远不会被遮掩住。在人类关系中，假如我曾看到什么的话，就是我们的相互摩擦——往往非常委婉。这里面有你我潜在的内伤、隐晦的误解、预想的胡闹，其间有难以治愈的情感创伤——如果可以治愈的话。我们之中没有一个人可以不对别人产生误解，我也犯过不少错误。

当你觉得受到伤害时，绝不可避不见人。不仅如此，你应该积极地去想办法改进与他人的关系。你只要这样去做，就会获得极大的快乐。人类交友的能量与快乐的能量，具有极大的关系，都是可以开展的。

你可以使这种交友的艺术，成为你人生的最大目标之一。实际说来，你应该把它视作你人生中最大的目标才是。

目标越具体明确越好

志向远大，是要使自己的目标保持在一个高尚的层面。崇高的目标表现在：吸引巨大财富，不排斥财富。但这种目标必须以不破坏社会的法律、社会公德以及不损害他人的利益为前提。否则，你的成功不会被人们承认不说，还将遭到唾弃和正义的惩罚。

事实上，许多真正凭借强大愿望而获取巨大财富的佼佼者，他们在创造财富的同时，也常常乐于与别人分享成功的愉悦，把精神财富如创造财富意识、理论、思想传授给别人，或者把物质财富无私地回报给社会。

他们称这叫"壮丽的着迷"，许多值得人们敬仰的百万富翁都是如此，足见创造财富是多么纯洁与崇高。

目标具体，也就是说，你必须确定你所要求财富的数字，不能空泛而论，如：我这一生决心要赚很多钱。一定要明确，不能只停留在"我想拥有许多许多的钱"上。

別输在时间管理上

在半个世纪前，洛杉矶郊区有个没有见过世面的孩子，才15岁，他拟了个题为《一生的志愿》的表格，表上列出：

"到尼罗河、亚马孙河和刚果河探险；登上珠穆朗玛峰、乞力马扎罗山和麦特荷恩山；驾驭大象、骆驼、鸵鸟和野马；探访马可·波罗和亚历山大一世走过的路；主演一部像《人猿泰山》那样的电影；驾驶飞行器起飞降落；读完莎士比亚、柏拉图和亚里士多德的著作；谱一部乐谱；写一本书；游览全世界的每一个国家；结婚生孩子；参观月球……"

他把每一项都编了号，共有127个目标。

当把梦想庄严地写在纸上之后，他开始循序渐进地实行。

16岁那年，他和父亲到佐治亚州的奥克费诺基大沼泽和佛罗里达州的埃弗洛莱兹探险。他按计划逐个地实现了自己的目标，49岁时，他完成了127个目标中的106个。

这个美国人叫约翰·戈达德，获得了一个探险家所能享有的一切荣誉。

你如能像他一样明确目标，有一天，你也会发现自己是那个走得最远的人！目标，是一个人未来生活的蓝图，又是一个人精神生活的支柱。

爱因斯坦为什么年仅26岁就在物理学的几个领域做出第一流的贡献？美国波士顿大学生化教授阿西莫夫为什么能够令人难以置信地写出两百余部科普著作？达·芬奇为什么能成为"全才"？仅仅是由于他们的天赋吗？试想，当时爱因斯坦二十多岁，学习物理学的时间不算长，作为一个业余研究者，他的时间更是极为有限。而物理学的知识浩如烟海，如果他不是运用直接目标法，就不可能在物理学的3个领域都取得第一流的成就。他在《自述》中说：

"我把数学分成许多专门领域，每一个领域都能费去我们所能有的短暂的一生……物理学也分成了各个领域，其中每一个领域都能吞噬短暂的一生……可是在这个领域里，我不久就学会了识别出那种能获得深邃知识的东西，而把其他许多东西撇开不管，把许多充塞脑袋、并使它偏离主要目标的东西撇开不管。"

爱因斯坦的做法有哪些好处呢？

其一是可以早出成果，快出成果。

其二是有利于高效率地学习，有利于建立自己独特的最佳知识结构，并据此发挥自己过去未发挥的优点，使独创性的思想产生。

这种方法还可以使大胆的"外行人"毅然闯入某一领域并取得成就。

DNA双螺旋结构分子模型的发现就是有力的例证：20世纪以来生物科学最伟大的发现者是沃森和克里克，两人当时都很年轻（沃森当时仅25岁），而且都是半路出家。他们从认识到合作，从决定着手研究到提出DNA双螺旋结构分子模型，历时仅仅一年半。可以说，如果沃森他们不是直逼目标，是不可能在短短的时间内获得如此巨大的成功的。

对准创造目标并不意味着没有一点知识也可以进入创造状态，而是指只有在阶段时间内集中精力掌握某一领域所具备的知识，才能较快地取得成果。

当有令你朝思暮想渴望得到的东西时，你应该怎么办呢？

"罗马不是一天之内建成的！"你一定听过这句话，一定从这句话中很清楚地知道了凡是杰出的成就都是历尽多年努力才能获得的道理。

一切有志者都想成功，憧憬着"一步登天"。但要把美好的理想转化为现实，尚需付出坚持不懈、锲而不舍的劳动。那么，为什么要抱怨自己"不会一鸣惊人""不是举足轻重的人物""不够聪明"呢！

体育运动员在一个赛季开始之前，要长年累月地进行训练。通过训练，他们改进自己的不足之处，力求每天都能提高一点，这样，到了比赛那天，他们才可能创造出好的成绩。

每个成功都要如此：付出代价。这个代价就是时间，就是耐心和努力。

诺贝尔生理医学奖得主托马斯·摩尔根说得好：

不要把志向立得太高，太高近乎妄想。没有人耻笑你，而是你自己磨灭了目标。目标不妨设得近点，近了，就有百发百中的把握。标标中心，志必大成。尽一切努力实现你的目标。

每一个想取得成功的人都明白，进步是靠不断努力得来的。例如，房屋是由一砖一瓦砌成的；足球比赛的最后胜利是由一次一次的得分累积而来的；商店的繁荣也是靠着一个一个顾客的购买形成的。所以每一个重大的成就都是一系列的小成就累积成的。西华·莱德先生是个著名的作家兼战地记者，他曾在1957年4月号的《读者文摘》上撰文表示，他所收到的最好忠告是"继续走完下一里路"，下面是其中的几段：

"在第二次世界大战期间，我跟几个人不得不从一架破损的运输机上跳伞逃生，结果迫降在缅印交界处的树林里。当时唯一能做的就是拖着沉重的步伐往印度走，全程长达140英里，要在8月的酷热和季风所带来的暴雨侵袭下，翻山越岭长途跋涉。才走了一个小时，我一只长筒靴的鞋钉扎了另一只脚，傍晚时双脚都起泡出血，像硬币那般大小。我能一瘸一拐地走完140英里吗？别人的情况也差不多，甚至更糟糕。他们能不能走呢？我们以为完蛋了，但是又不能不走。为了在晚上找个地方休息，我们别无选择，只好硬着头皮走完下一英里路……

"当我推掉其他工作，开始写一本25万字的书时，心一直定不下，我差点放弃一直引以为荣的教授尊严，也就是说几乎想不开。最后我强迫自己只去想下一个段落怎么写，而非下一页，当然更不是下一章。整整 6 个月的时间，除了一段一段不停地写以外，什么事情也没做，结果居然写成了。

"几年以前，我接了一件每天写一个广播剧本的差事，到目前为止一共写了 2000 个。如果当时签一张'写作 2000 个剧本'的合同，一定会被这个庞大的数目吓倒，甚至把它推掉。好在只是写一个剧本，接着又写一个，就这样日积月累真地写出这么多了。"

"继续走完下一里路"的原则不仅对西华·莱德很有用，当然对你也很有用。按部就班做下去是实现任何目标唯一的聪明做法。最好的戒烟方法就是"一小时又一小时"坚持下去。很多人用这种方法戒烟，成功的比例比别的方法高。这个方法并不是要求他们下决心永远不抽，只是要他们决心不在下一个小时抽烟而已。当这个小时结束时，只需把他们的决心改在下一个小时就行了。当抽烟的欲望渐渐减轻时，时间就延长到两小时，又延长到一天，最后终于完全戒除。那些一下子就想戒除的人一定会失败，因为心理上的感觉受不了。一小时的忍耐很容易，可是永远不抽那就难了。

想要实现任何目标都必须按部就班地做下去才行。对于那些初级经理人来讲，不管被指派的工作多么不重要，都应该看成是"使自己向前跨一步"的好机会。推销员每促成一笔交易，就为迈向更高的管理职位积累了资本。

教授每一次的演讲，科学家每一次的实验，都是向前跨一步，更上一层楼的好机会。有时某些人看似一夜成名，但是如果你仔细看看他们的历史，就知道他们的成功并不是偶然得来的，他们早已投入了无数心血，打好坚固的基础了。那些大起大落的人物，声名来得快，去得也快，他们的成功往往只是昙花一现而已，他们并没有深厚的根基与雄厚的实力。

富丽堂皇的建筑物都是由一块块独立的石块砌成的。石块本身并不美观，成功的生活也是如此。

请做到下面的事情：把你下一个想法（不论看来多么不重要），变成迈向最终目标的一个步骤，并且马上去进行。时时记住下面的问题，用它来评估你做的每一件事。"这件事对我的目标有没有帮助？"如果答案是否定的，就马上停止；如果是肯定的，就要加紧推进。

我们无法一下子成功，只能一步一步走向成功。所谓优良的计划，就是自行确定的每个月的配额或清单。

尽力实现你的目标吧，要全力以赴，并且让目标为你带来达到目标所需要的那种"自动调整能力"。那些高阶层的成功人物都是能完全投入自己的目标的人。

我们常常会在假日早上醒来时觉得，今天没有什么重要的事急着做，于是磨磨蹭蹭，就这样糊里糊涂过了一天，什么事情也没做。但是当我们有个非做不可的计划时，不管多少都会有点成绩。

这个普通的经验含有一个重要的教训：想要完成某件事，就必须先有计划。

第二次世界大战之前，科学家已经了解了原子内部的能量，但是当时对于"如何分裂"以及"如何应用"所知不多。美国参战后，准备尽快发明原子武器，并拟出了计划。经过无数次的改良与研究，终于有了结果，美国首次在日本使用了原子弹。如果没有那个计划来推动的话，原子分裂可能延后10年或更久才办得到。

所以说目标会使事情早日完成。

如果工厂的主管没有一个固定的工作进度，生产系统会陷入困境。销售主管知道，如果销售的同时有预期的销售配额，卖出的商品会更多；大学教授也知道，考试时如果先订下该次考试的截止期限，学生都会准时交卷。

当你追求成功时，先制订你的目标，例如，截止期限、完成日期以及强制配额等。因为你只能完成"计划去做的事项"中的一部分，而无法完成尚未计划的事。

美国杜兰大学的乔治·布尔契博士 —— 一位极负盛名的人类专家指出："结束生命最快的方法就是什么也不做。每一个人至少必须有一个兴趣，以便继续活下去。"

退休是"开始"还是"结束"，人人都有自己的选择。自认为退休是有意义生活的"结束"的大部分人，很快就会发现退休也是他生命的结束。因为没有目标的生活，无所事事，很快就会使人衰老。

至于把退休当成再出发的人，境遇就会完全不同。戈登先生就是如此。他在以亚特兰大一家银行副董事长的身份退休时，就把这一天作为他开始新生活的"纪念日"。后来他成为工商顾问，成就非常辉煌。在他 60 多岁时，仍旧为许多客户服务，并且经常应邀到全国各地演讲。他有很多计划，其中之一是成立一个为推销员设立的社交团体。他神采飞扬的模样，仿佛 30 岁出头的小伙子。

目标有时候也需要合理调整，有许多事情，可能你用了很大的劲儿，但你发现自己总是处于一个进退两难的位置，你所走的路也许只是一条死胡同。这时候，最明智的办法就是合理调整你的目标，另外寻找成功的机会。

牛顿早年就是永动机的追随者。在进行了大量的实验失败之后，他很失望，但他很明智地退出了对永动机的研究，转而在力学研究中投入了更大的精力。最终，许多永动机的研究者默默而终，而牛顿却因摆脱了无谓的研究，而在其他方面脱颖而出。

在人生的每一个关键时刻，我们都要审慎地运用智慧，做出最正确的判断，选择正确的方向。同时别忘了及时检视选择的角度，适时调整。放掉无谓的固执，冷静地用开放的心胸做出正确抉择。每次正确无误的抉择都将指引你在成功的坦途上更进一步。

当你确定了目标以后，下一步便是鉴定自己的目标是否合理。如果你决心改变，就必须考虑到改变后是什么样子；如果你决定解决某一问题，就必须考虑到解决问题中可能遇到的困难是什么。

当确定了理想的目标以后，你必须研究一下达到该目标所需的时间、财力、人力的花费是多少，你的选择、途径和方法只有经过检验，方能估量出目标的现实性。

有许多满怀雄心壮志的人毅力很坚定，但是由于不愿进行新的尝试，因而无法成功。请你坚持你的目标吧，不要犹豫不前，但也不能太生硬，不知变通。如果你确实感到行不通的话，就尝试另一种方式吧。

那些百折不挠，牢牢掌握住目标的人，都已经具备了成功的要素。下面的两个建议一旦和你的毅力相结合，你期望的结果便更易于获得。

1. 告诉自己"总会有别的办法可以办到"。

每年有几千家新公司获准成立，可是 5 年以后，只有一小部分仍然继续营运。那些半路退出的人会这么说："竞争实在是太激烈了，只好退出。"其实，问题的关键在于他们遭遇障碍时，只想到失败，因此才会失败。你如果认为困难无法解决，就会真地找不到出路，因此一定要拒绝"无能为力"的想法。

2. 先停下，然后变换目标再重新开始。

我们时常钻进牛角尖而不知自拔，因而看不到新的解决方法。成功者的秘诀是随时检视自己的选择是否有偏差，合理地调整目标，放弃无谓的固执，轻松地走向成功。

两个贫苦的樵夫靠着上山捡柴糊口，有一天他们在山里发现两大包棉花，两人喜出望外，棉花的价格高过柴薪数倍，将这两包棉花卖掉，足可供家人一个月衣食无虑。当下两人各自背了一包棉花，便欲赶路回家。走着走着，其中一个樵夫眼尖，看到山路上扔着一大捆布，走近细看，竟是上等的细麻布，足足有十多匹。他欣喜之余，和同伴商量，一同放下背负的棉花，改背麻布回家。他的同伴却有不同的看法，认为自己背着棉花已走了一大段路，到了这里丢下棉花，岂不枉费自己先前的辛苦，坚持不愿换麻布。发现麻布的樵夫屡劝同伴无果，只得自己竭尽所能地背起麻布，继续前行。又走了一段路后，背麻布的樵夫望见林中闪闪发光，待近前一看，地上竟然散落着数坛黄金，心想这下真的发财了，赶忙邀同伴放下肩头的棉花，改用挑柴的扁担挑黄金。他的同伴仍是那套不愿丢下棉花，以免枉费辛苦的论调，并且怀疑那些黄金不是真的，劝他不要白费力气，免得到头来空欢喜一场。发现黄金的樵夫只好自己挑了两坛黄金，和背棉花的伙伴赶路回家。两人走到山下时，突然下了一场大雨，两人在空旷处被淋了个湿透。更不幸的是，背棉花的樵夫背上的大包棉花，吸饱了雨水，重得已无法背动，那樵夫不得已，只能丢下一路辛苦舍不得放弃的棉花，空着手和挑着两坛黄金的同伴回家去了。

一个非常干练的推销员，他的年薪有 6 位数字。很少有人知道他原来是历史系毕业的，在干推销员之前还教过书。

这位成功的推销员这样回忆他前半生的道路："事实上我是个很没趣味的老师。由于我的课很沉闷，学生个个都坐不住，所以，我讲什么他们都听不进去。我之所以是个没趣的老师，是因为我已厌烦了教书生涯，对此毫无兴趣可言，但这种厌烦感却在不知不觉中也影响到了学生的情绪。最后，校方终于解聘了我，理由是我与学生无法沟通。其实，我是被校方免职的。当时，我非常气愤，所以痛下决心，走出校园去闯一番事业。

就这样，我才找到推销员这份自己胜任并且感觉愉快的工作。

"真是'塞翁失马，焉知非福'。如果我不被解聘，也就不会振作起来！基本上，我是很懒散的人，整天都病恹恹的。校方的解聘正好惊醒了我的懒散之梦，因此，到现在为止，我还是很庆幸自己当时被人家解雇了。要是没有这番挫折，我也不可能奋发图强起来，闯出今天这个局面。"

坚持是一种良好的品性，但在有些事上，过度的坚持，会导致更大的浪费。

如果没有成功的希望，而去屡屡试验是愚蠢的、毫无益处的。

有的人失败，不是没有本事，而是定错了目标。成功者为避免失败，时刻检查目标是否合乎实际，合乎道德。

一个人要想获得事业上的成功，首先要有目标，这是人生的起点。没有目标就没有动力，但这个目标必须是合理的，即合乎实际情况和客观规律、社会道德的，如果不是，那么，即使你再有本事，付出千百倍的努力，也不会获得成功。

第三章

合理规划：做事一定要直达目的

无论你的时间多么紧张，多么抽不开身，你都应该设法抽出时间做一个规划。越是觉得自己没有时间，你越应该仔细地规划自己的时间。如果你能够在每天上午做一个规划，下午做一个总结，那你就会因此而得到数倍的回报。

人人都要学会规划自己的时间

每个人都要学会规划自己的时间，只有规划好自己的时间的人，才会有条不紊地去做自己该做的事情。

有个叫李尚轩的 18 岁男生，从小就有学习迟缓的问题。2 岁半还不会说话，到了 4 岁半才开始喊爸妈。让爸妈最痛苦的是，他根本坐不住，总是不停地踮着脚尖旋转，别人叫他，他都不理会，后来经过医生检查，被证实是"多动型自闭症"。

还好他有个细心的母亲，发现他记电话、车牌过目不忘。5 岁时送他去学钢琴，他终于能够安安静静地坐下来。只要弹过几次，他就会将乐谱牢牢记在心里，弹琴时根本不用看谱，连钢琴教师都觉得不可思议。

现在，他已经在无数钢琴比赛中获奖。如果母亲没有看出他的特长，他恐怕只能一生与自己的障碍为伍。

把自己放对地方非常重要。同样，找到适合自己的时间表，在合适的时间做合适的事情，更是尤为重要的。

如果现在你的手头上有许多事情，正忙得焦头烂额，此时再给你添加一件事情，你就会更加忙碌。你会感觉自己根本没有时间，或者时间紧张得不行。想要解决这个问题，你需要合理地规划一下自己的时间，给自己订一个清晰的计划或流程出来。

显然，你肯定要有一些必需的日常活动的时间，比如吃饭、睡觉、上厕所等必须要做的事，即使你可能在这些事情上挤一挤，减少一些时间，也无法完全取消这些必需的活动。此外，除非你家有万贯，吃喝不愁，否则你必须要通过工作来赚取报酬，以此来维持自己的生活，你需要通过工作赚到足够的钱来给自己购置食物、衣服以及住房等生活必需品。这也就是说，吃饭、穿衣、交通以及工作等至少会占用你一定的时间。

当然，那些常规的事情，也是不容置疑地要花费一定时间去完成，比如坐车、开会、接孩子放学……这些事情或多或少也会在你的生活中占一定的时间和精力。

以上种种常规的事情，似乎并不太能引起人的注意，但是这些事情却会实实在在地占用你大量的时间。甚至有些人劳碌一辈子，都是为这些事情而奔波着。

小何是某公司的一位秘书，她总是抱怨工作辛苦，薪水太少。有一天，她和老板聊了很久，终于意识到了问题的所在：原来，她每天都把全部的时间用来处理那些常规任务（也就是上班第一天时老板交给她的工作），如接打电话、收发传真、整理文件、领客人参观、回答问题、管理办公用品，等等。这些常规工作几乎占据了她所有的时间，结果使得她根本没有时间来完成更多的工作。

此后，小何给自己订了个计划，列了个时间表，一步一步地去完成工作，结果，她很快就从工作中发现了乐趣，工作做得非常好，得到了老板的表扬和认可。

可见，规划好自己的时间是多么的重要。

许多家庭主妇也会遇到类似的问题，她们常常会很努力地做好自己琐碎的家务事，结果发现自己虽然整天忙碌，却始终没有相应的成就感。

大多数人每天的活动内容都是自己最常规的工作，但在时间上没有合理的规划，结果导致劳累过度，效率却不见增长。

此外，你还可能会碰到很多意外的情况，这些事情常常会让你心里非常不舒服，让你感到疲惫，还会占用你的时间。设想一下，你早晨起来之后，发现自己忘记关电灯了，闹钟也没电了，结果你迟到了2个小时才到办公室——而你本来打算提前15分钟到，把昨天没有完成的工作补完的。不仅如此，到了办公室之后，你发现老板已经打来了5个电话，抱怨说他至今没有收到你昨天答应送给他的文件，所以你不得不立即打电话到快递公司询问情况，然后发疯一样地督促他们抓紧时间。

那些必须要出席的活动，必须要完成的任务，以及遗留下来的工作，或是那些意外的情况，常常都会占用你许多的时间。对于大多数人来说，他们终日纠缠于这些事务当中，一辈子也不可能找到足够的时间来实践自己的人生目标。要想避免这种情况，你首先需要分辨出哪些是浪费时间的活动，并通过停止这些活动来为自己挤出更多的时间。要想实现那些对你来说真正重要的人生目标，只有一种途径：认真规划你每一天的时间。

有很多时候，你可能会觉得自己过于忙碌了，根本没有时间来做其他无关的事情，更不要说什么所谓的规划了。但是，规划并不是无关的事情。即使你的时间很紧张，也应该仔细想想，如果不去进行系统的规划，你就很难抽出时间去做自己想做的事情，而且你根本不可能分辨出到底哪些事情才是真正重要的。即便你把大部分时间都用来完成最重要的事情，你也很可能并没有把时间用来做最重要的事情中的最重要的那部分。因此，虽然你认为自己总是没有时间来进行规划，但提前规划却总是能够帮助你挤出更多时间。

做规划的最佳时间是早上起床之后或晚上休息之前。因为，人在刚刚起来的时候，头脑一般会比较清醒，这个时候如果做一个规划一定能帮助你把整天的工作都做好。如果一个人有清晰的规划，那他就可以按步骤一点点地把自己的事情做好。而且，这样也能够保证不被意外的事情打断自己的工作和思路。晚上做规划也有一定的优势，在这个时候，你忙碌了一天，大脑会从紧张中放松下来，非常适合安排一下第二天的工作，做一个更为清晰的规划。而且，当你一天的工作安排停当之后，你就不会再浪费时间去考虑自己到底该做哪些事情，不该做哪些事情了。晚上制订规划的另一个好处就是：你的潜意识会在夜间不断工作，并可以为你第二天的工作想出很多不错的方案，甚至可以为你所面临的问题找到更好的解决办法，这样当你第二天到达办公室的时候，你的精神状态就会达到最佳。由于早晨规划和晚上规划都有各自的优势，所以建议你不妨尝试在每天的早晨和晚上都进行规划。

可是，一个人能有那么多时间吗？能静下心来规划什么吗？看了下面这个例子你就知道了。

杨先生是北京一家企业的白领，他平时感到工作压力很大，甚至身心疲惫。

后来，他开始尝试详细记录自己每个星期的活动，他每天都非常认真，并且比大多数人更关心自己的时间分配和规划。他知道时间的宝贵，便全心全意地投入足够的时间来进行规划。

过了一段时间之后，杨先生发现自己的工作效率有了明显提高，而且，自己每周规划所占的时间不到4个小时。

4个小时的规划，换来一周的高效率工作。可见，做一个明确的规划，对我们还是十分有帮助的。它能够带给我们许多积极正面的结果：在任何一天当中，你在最重要的事情上投入的精力多了，在其他杂乱的事情上所浪费的时间就必然会少。从这个角度来说，规划可以帮助一个人把自己的精力集中到那些最重要的活动上。

因此，规划好自己的时间，能让自己在不知不觉中体会到生活和工作的乐趣，能让自己在工作中怡然自得、轻轻松松地取得不错的业绩。

规划时间，让时间创造出最大价值

经验表明，成功与失败的界限在于怎样分配时间，怎样安排时间。在工作中，一些人往往认为，这儿几分钟，那儿一小时算不得什么，其实它们的作用却非常大。正像 B·富兰克林所指出的："时间是所有资源中最重要的资源之一，既无法替换也无法补救。你的时间用完了，你的生命也就到头了。"

要想事业成功，就必须重视时间的价值，最大限度地有效利用时间。效率专家认为，计划、分析、行动是提高工作效率的前提。

1. 计划

同任何一种管理一样，时间管理也需要妥善计划安排才能发挥效用。计划一开始，先通过检查规划时间的必要性、重要性及选择性，制订出时间管理的原则，然后依据这些原则，列出工作的先后顺序。

2. 分析

要想知道时间是怎样被消耗掉的，可以事先准备一个记事本，详细记录一周的工作。每一天都按时间划分，每完成一件工作，就记录下完成工作的内容和所花费的时间。然后，仔细分析这一周的时间是否利用合理，工作精力是否充沛。

一周之后，分别记录各项工作所花的时间，检查体能现状，是上午体力好还是下午体力好？如果有规律可循，可以考虑在体力最好的时候做最重要的工作。

想一想自己在精力最旺盛的时候是在网上聊天，还是在全力以赴地干工作？有哪些工作可以做得更快、更有效率？通常将多少时间花费在不重要的工作上。

在把时间利用是否得当搞清楚之后，就会在今后的工作中改变时间利用方式，努力提高工作效率。

3.行动

根据计划所列的先后顺序迅速、果断、有效率地采取行动，就可以把因迟疑、拖延所带来的压力一扫而光。要主动掌控时间，多做节省时间的事情。要与拖拉习气做斗争，努力做到以下两点：

（1）定出期限。即使计划中没有时间限制，也要为自己规定一个期限，期限一到，回过头再去看看自己究竟做了多少工作，这时也许会吓一跳。所以，在每一个期限结束时，都要总结自己究竟做了多少事。

（2）删减细枝末节。要注意因事情停止和重新返工而浪费掉的时间和精力。要学会在某段时间内集中精力做好一件事，在不得已需要放下一件事情的时候，至少也要提出弥补解决该事情的办法。这样，就能使自己养成一种良好的工作习惯，这种工作习惯就会为成就将来打下良好的基础。

效率来源于事先规划

我们知道：合理的计划可以让我们事半功倍。如果说实干是汽车的发动机，那计划就是汽车的导航仪。脱离了导航仪，汽车固然可能到达目的地，但中间难免会走弯路，浪费了精力和时间。只有照着计划前进，才能快速有效地实现目标。

没有任何事比事前计划更能把时间作为生产性的运用。研究证实了一项常识：用更多的时间为一项工作做事前计划，做这项工作所用的总时间就会减少。

计划可以分为两种：长期的计划与短期的计划。

长期性的工作常让你很头疼，因为它们往往难以预期，一开始认为可以很快完成的工作，最后可能不但必须延期，还耗费了你很多精力。对待长期的计划，有以下几点：

第一步，设立总的目标。这一步的关键在于不仅要把观念或信条确定下来，而且要使其具体化，将总目标分解细化，使其成为指导工作的方针和努力的方向。

第二步，进行预测。在进行计划时，要对客观环境进行分析预测，离开了客观环境，长期发展计划则无异于沙上建塔，空中造楼。尤其当计划延续的时间很长时，要注意分析客观环境的变化。

第三步，设立阶段计划，把长期的工作分割开来。由于长期性工作费时费力，人们容易失去工作的动力，因此自己设定几个进度，并规定好它们的截止时间，反而是更有力的自我激励方式。

第四步，每周订下固定的若干时间专门处理长期性的工作。刚开始不要订下太长的时间，否则容易引起自己的挫折感，应该积少成多，逐渐有成。

第五步，事先找出下次工作时的重点。知道下次工作的重点，一直有意识或无意识地想到它，等到下次真正要工作时，就会很熟悉。

第六步，养成固定的工作习惯。如果事先规定自己每周或每天的某个时候，必须从事哪些长期性工作，久而久之，一到那个时候就会主动地空出时间去做它，这就是习惯的力量。

第七步，偶尔转变工作的角度。长期从事某一工作，容易使人觉得疲惫且毫无成就感，从而减低对工作的兴致，所以换换角度容易提高对工作的兴致。

对于短期的计划，我们可以每隔一个时间段检查它一下。

（1）每日之末。你最好在每天醒来之时知道今天该干什么，先干什么。所以，每日之末，拟订一个要在明天达到的成果和如何进行的简要计划，按重要程序顺序排列，把重要项目编上号码。

（2）每周之末。一周是一个工作阶段的结束。在每周的最后一个工作日，花点时间检查一下本周的主要活动，同上次计划的成果进行比较，找出可以改进之处，并拟订出下周各项工作的计划。详细的话，也可拟订出下周每天要达到的一项或几项主要目标。

（3）每月之末。与一周一样，总结本月的重大事件，反思并拟订出下个月要达到的一些主要目标。可以计划出下月的每一周你要达到哪一项主要目标。

（4）每季之末。检查本季度成果，同预期计划比较，确定补救措施和改进方案。确定下季度每月工作要点。

需要注意的是，同时进行数个计划容易顾此失彼，不仅完成的时间要延长，而且其品质也无法控制得当。所以最好根据工作的紧急性、成功的可能性、重要性、实现效果所需时间来决定计划的轻重缓急，否则一箭"数"雕，只能使质量每况愈下而已。

不要再吝惜你制订计划的时间了，这也是一种时间投资哦。

为自己的人生画一张远景图

你可以为自己希望成就的事业画张图，目的在于让你创造一张"未来远景图"。你的远景图必须是长期的、艰难的、冒险的，而且多少是由直觉所产生。但是，记住，这幅未来远景图一定要投射在现实的世界中。假如你希望这幅远景图有用，它就必须是可以达到的，而且是你自己感到满意的，如此，在未来岁月中，它才会刺激你、指引你。

综上所述，在制订自己的事业规划时需要一个大的长期计划，那么我们不得不讨论一下关于计划的种种因素。

1.计划四要素：

目标必须具备下列四项要求，缺一不可。

目标要有可信性。再重复一次，目标必须要有可信性。那么目标应当对谁有可信性呢？当然是你自己。别人信不信不重要——你自己不相信就无法实现。

清楚地界定目标。如果你的目标含混不清，等于没有目标，只是愿望而已。目标必须明确，愈清楚愈好。不要写"我要赚大钱"，而要明确"我要赚××（数额）"。加上期限，比方"年底前""2014 年"，这样才是明确的目标。至于如何赚，赚到钱后要买什么……统统要写清楚。

需要有强烈达到目标的欲望。不只是想要，而是"热切"的欲望。如何让自己拥有热切的欲望呢？

生动地想象目标达成后的情形。能生动地想象到，则目标已达成了一半了，多次练习，它就成为你的掌中物了。

举个例子来证明。有个女孩，身高 1.6 米，曾经胖到 75 公斤。她花了一个小时设定目标，19 个月后体重减轻了 30 公斤。

那 19 个月里，她把她想要穿的衣服的照片挂在床头，每天看 3 次，想象自己穿起来多么美丽迷人。她的确吃了一番苦头，但到最后终于苦尽甘来，一切痛苦都已不复存在。她开始新的自我、新的兴趣、新的机会，更具自信。总之，只有吃得苦中苦，才能得到成功，而过去的痛苦很快就会被成功的喜悦取代了。

2. 缜密的思考是绘制蓝图的前提：

有一对夫妇，他们为自己制订了计划，要在 3 年内在海边盖一栋别墅，但是他们失败了。

然而，哪里错了呢？这对夫妇的确有幅"未来远景图"（一栋海边别墅），但却没有充分考虑它的可行性。像"小山"和"邻人不友好"这些可以预测的问题都没有事先觉察，所以他们的"未来远景图"不够完善，反变成一个可笑的护身符，缺少一个理智的、日有进步的计划基础。

"未来远景图"是把意义引进事业的基本工具，它统合了各自分离的部分，而且给人一些简单、延展、满意、连贯的目标。套用一位专家的说法，一幅未来远景图使人能"集合意志"，为机会、利益等做准备。

3. 事业蓝图的 4 个基本要素：

事业蓝图，有一部分可以是幻想，但不应是不符合实际的空想，它有 4 个基本要素：

第一，明确的假定。虽然在有的时候你无法证明所做的什么是好、什么是坏、什么有效、什么无效、什么值得、什么不值得，但是你必须做决定，并且有一个明确的假定，这就是你的目标，并且要把它表达出来。

影响你事业的内、外假定，都要表达出来，而且要测验它们有无合理的连贯性和实际性。

有用的"未来远景图"一定要完全清晰可辨，这是确保目标不会成为纸上谈兵的先决条件。不详尽的远景图只是一种大冒险，因为它给人虚幻的指引，而没有可做睿智决定的必要深度。所以，凡想依靠虚幻梦想，而不将思考付诸理性分析的人，都是在拿未来冒险。

第二，令人振奋的图像。有用的"未来远景图"是乐观而有激励作用的，因此，对前途抱忧郁悲观看法无异是一种局限。像一位护士就如此说："我很怕展望未来，我的一生已在14岁时由别人为我做决定了。我出生在医生世家，所以我很自然就走上护理之途。这个工作很紧张，我很想展翅高飞，很想暂时停止做这个工作。但这是不可能的，我负有道义责任和经济压力，这就是我生活的方式，真该诅咒！"

含有希望和进步的"未来远景图"给就业者的好处最大，它提供途径让人表达充满积极力量的情感。

第三，切合实际的长期目标。有效的"未来远景图"绝对不能全然不可思议。固然天底下事事可能，但人类的经验告诉我们，有的事是奇迹，而非人力可以达到的目标。聪明的就业者不会把他们的未来放在假设奇迹出现的基础上。

第四，坚定的原则。事业的"未来远景图"不可避免地与信念及价值观有关，假如你不知道什么事值得做，你就不能辨别该往哪里走。

事业的"未来远景图"可以说是一份丰富的个人报告书，它捕捉了你希望此生实现的事，绝非好高骛远。但它需要一个理智的、日有进步的计划基础。

制订一个有效的计划表

　　既然合理地利用时间可以有效地提高人的工作效率，我们就应该在自己的日常生活中，制订一个可行的、适合自己的待办计划表。

　　待办计划表首先应该简单明了，使你在百忙中随意瞄几眼，马上明白需要做什么事。在待办计划表中，注意以下这些项目应该简单明了。

　　1. 依赖记忆。

　　在睡觉之前想想第二天的工作是个很好的办法。在确定所有的工作后，人就可以安稳入睡，不会满脑子胡思乱想。

　　利用记忆记住你的工作之后，你的脑子就会想尽一切办法去解决。有时候当我们的问题存在于脑海中时，睡梦中会突然跳出一个理想的解决办法，也就是人们所说的有所思就有所梦。当我们真正地利用了我们的潜意识来解决问题时，我们就会发现，它的作用是惊人的，不可思议的。

　　人有了计划，潜意识就要完成它，而记忆会不断提醒你去完成这件事情。人脑就像一个平行处理器，许多工作在脑中可以同时处理，你一旦记下了一定的事物，人脑就会把它转移到潜意识中，不知不觉地开拓研究如何解决它的办法。

　　2. 适时检查计划表。

　　有了计划表，你是否严格地执行了，还需要进行适当检查。晚上睡觉前，再翻一翻你前一天的计划表，看一看你执行的情况和进度，会有助于你下一天工作的安排和完成。

学生都知道，英语中的单词是很难记忆的，那么，需要记忆的英语单词一共有多少呢？如果你制订一个计划表，每天完成 10 个单词的记忆任务，定时检查，督促保证完成，那么一年过去，你就可以掌握 3650 个单词，两年之后，你所记的单词已足够你日常生活中的对话、写作和运用了。一天记 10 个单词并不难，难就难在要一丝不苟地坚持下去。因此，光有计划表是不行的，还需要适时检查，督促计划表按时完成。

3. 限制计划数目。

每个人的精力都是有限的，运用有限的精力去做无穷无尽的事，是不可能的，人在超极限劳动的情况下，很容易导致意想不到的损害。因此，限制一天中的计划数目，进行科学调整，使自己处于一个协调的工作环境之中，既可完成工作任务，又不影响身体的健康。

按小时计酬的人比按月领薪水的人更能感觉到时间的价值。

因此，为了管理时间，你要认为自己是按小时获酬的人，不论你是不是如此。要算出你每小时究竟可以得到多少酬劳。

你要为你的一天和一周订出计划，否则你就只有按照碰巧落在你桌上的东西去分配你的时间，也就是完全由别人的行动来决定你办事的优先次序。你将会发现，你犯了只是应付问题，而不是抓住机会的严重错误。

为你的一天订出一个概略的工作计划时间表，尤其要重视你要完成的两三项主要工作。其中一项应该是使你更接近你一生目标之一的重要工作。在星期四或是星期五，照着这个办法为下个星期做同样的计划。

请记住：研究证实了一项常识：用一些时间为一项工作做事前计划，做这项工作所用的总时间就会减少。不要让今天繁忙的工作把你的计划时间从你的工作时间表中挤出去。

你应该每天保持两种工作表——最好在同一张纸上。

在纸的一边列出在某几个特定时间里做的事情，如会议和约会。在纸的另一边列出你"待做"的事项——你把想要在今天完成的每一件事情尽量地列出来，然后审视一番，排定优先次序的编号。表上最有价值的事项可能是标上一号或二号的事项，因此，你要排出一段特定的时间来办理这两件事。在时间允许时，再按优先次序做其他的工作。不要为次要的工作排出特定的时间，你需要保持足够的弹性处理突来的干扰，否则就会因计划不能实现而感到泄气。

"待做事项表"有一个很大的缺点，是我们通常会根据事情的紧急性来编定。它包括需要立刻加以注意的事项，其中有些事项重要，有些并不重要。它通常不包括重要却不紧急的事项，诸如你要完成但没有人催促你的长远计划和重要的事项。

因此，在列出每天"待做事项表"时，你一定要花一些时间来审阅你的"目标表"，看看你现在所做的事情，是不是真正可以使你更接近最终目标。

在一天结束的时候，你很可能没有做完"待做事项表"上面的事项，但是你不要因此而烦心。如果你已经按照优先次序做了，就已经完成了重要的事情，而这正是时间管理所要求的。

如果你发现你把一项工作从今天的表上转列到明天的表上，且不只是一两次，它可能是次优先事项，但也可能是你在拖延。这时，你就不要再拖延下去，要承认自己是在打马虎眼，并且想出处理这件事情的办法。

最好的办法是在下班前几分钟，拟定第二天上午的工作计划表。这是做有效的时间管理计划时最常用的方法。如果拖延到第二天上午再列工作计划表，就容易草率，因为那时已经有工作的压力，工作表上所列的常常只会是紧急事项，而不是重要事项。

一步步地推进你的计划

制订了计划,就要把计划付诸实践,就需要一步步地去推进。

1.合理分配你的精力。

在研究过你的职责、理想的优先等级后,开始决定你将对每一项目花多少时间。这个计划要求你先用心做最重要的职责工作,然后利用剩下的时间去做那些较不重要的事。这样的计划能让你自我控制时间,并帮助你成就更多的事,而不让你的工作时间被琐事和毫不相关的客户所占据。下面我们来看一下如何写这样的计划。

步骤一:轻松地再做一次。

调查你所优先选择的事的潜力和所需的时间。然后,写下你愿意花的时间。

步骤二:立即做调查。

确认你对每个职责分配的时间等于每个职责应花费的时间。在这方面,你有必要做个调整。依据所需的时间,尽可能用心,以期在最好的机会和最重要的职责上有所进展。

最好的方式是进行适当的分配。这就像以最经济的方式开车一样,到后来,你能省下不少的汽油,并最终让你更快地朝目标迈进。你所做的分配越完善,你将越有效率。

步骤三:以后的调整。

让那些比较不重要的事越少越好。由于新方法产生有效影响,你在每个月里将会有更多的时间,而且无须加班。可是,在它们未发生作用前就计算,是不太适宜的。相对地,在你能行使职权时，不妨调整你原先所做的分配。

2.一股劲儿地工作。

现在，你已拟出应负主要职责的计划，便可以心无旁骛地采取行动。我们理解心智的持续专注是提升效率的关键，因此，在你觉得最有能力时，该把你大部分的精力用在主要的职责上。而最有效的方式就是建立时间表，定时、定量地把精力放在这些事情上。

步骤一：不间断地工作。

至少把一个星期后的事，在月历上做个记号。画圈号表示你对每项职责的分配。如果你无法一次完成一件职责，那么你最好毫无间断地把大部分的工作做好，并把剩下的事集中在一起，直到做完为止。然后再接下去做另一项工作。

比如说，假使你的主要职责包括3个有关顾客的重要计划，以及每个星期最少花2个小时读书和思考。你可以安排一周的时间毫不间断地完成一项计划，再做其他的，那么你便可以在时间表里加上一些较不要紧的事。

在表上留出给你去处理琐事和例行公事的时间。更重要的是，要把重要的职责记在表上和你的心里。表上再也没有琐事、干扰和所谓的"急事"耗费你太多的精神和能力。

步骤二：不改动原则。

这个预定好而不间断的工作时间，可帮助你在时间截止前把重要事情做好。有了这个方法，你将能维持一个工作流程，并避免草草结束。

可是，你也不一定能得到这些好处，除非你照这方式去做，不管任何干扰、耽搁和反对，都不变更原时间表。

在你晚上离开办公室前，做好明天的时间表。如果你想获得更好的效果，想想你若没有完成明天的计划表，那么今天的事就不算全部做完。制订严格的标准，你将很快就能看到成果：

別输在时间管理上

控制自己的时间，压力减小，做事较顺心，而每天做的事也多了。

在你专心于某一特别的计划时，试着不要为别的事分心。禁止他人打扰，并严格限制电话和朋友来访。如果你真正关心事情的话，别人是会谅解的。可是，假使你常常破例的话，他们也会跟着做的。为了补偿你的不便，不妨在某些时间内让自己自由些。要是你能在头几天拒绝别人的干扰，就可以开始享受你常盼望的自在和效率，这将提高你的兴趣，并帮你发挥更大的意志力去拒绝干扰。

步骤三：评估你的表现。

在月底时，自我反省一下：看看自己是否朝目标迈进了，看看自己是否用心在做，还是时做时停；拿目前的工作方式去核对你的结果和成就，是否合于要求。

3. 紧密注意你的进展。

你越密切地注意自己的进展，你的进展也就越大。就像一个节俭的人要比挥霍成性的人更能省钱一样，而不是人们所说的"心急水不沸"的情形。一个密切注意自己做事的人要比一个从不注意自己做事的人成就更大。

要把这个方法付诸行动，不妨对自己的努力做个记录。把你所做的事情详细记下来，依其性质分类，分配注意力。试着去把付出的精力和所得做一比较。每天及每周的工作、活动和琐事都这么做，设计方法和技巧，让这监督的程序更简单、方便些。未来3个月内，仍继续注意你的努力和成果，并看看所发生的改变。

时间表对这些作为说明当然有用。可是，不管你用不用时间表，你可以或应该常常想想你花的心血和成果。

比如说，每当你初步决定做时，要这么问自己："我所忙的目标有没有价值？我是不是有更具价值的目标呢？"当心里有困扰时，你也可以常常这么问自己。并且你该用一种对目标和职责的整体感想，去回答这些问题。这也就是它是那么重要的原因。

如果你花时间去把对现在或过去表现的满意感记在心头的话，你将很快就注意到改变，这是很自然的。你将开始有心去放弃较不重要的计划。你将发展出第六感，让你感觉出目前最重要的工作。靠着你的价值观，你将改变原有的方式而形成另一种新方式，工作更有效率，并且成就更多。

许多专业人员重复地做许多工作，却获得相当少，或根本没有进展。比如说，你初次和一位客户见面，可能是想要获得一些信息和建立关系。假如你开始用一张标准化的"初次见面单"去整理你的问题、评论和叙述，你可能得到的更多。

4. 运用直线的时间预定方式。

直线的时间预定方式让你一次处理一个问题、个案或客户，选出你最重要的事，并尽可能地不跟其他事搅在一起，可能的话，继续这么做下去。

很显然地，你很少在动手做一个计划并把它完成后，才进行另一个计划。为了要保持成果，你得同时去做很多计划：有些刚开始，有些做了一半，而有些快完成了。所以，你得在每周和每月的时间表上分配时间，以便能够巧妙地处理许多同时进行的计划。

可是，在每天的时间表里，这种分配时间的方法会让你陷于苦恼，使你无心长时间专注于发展，并减低兴趣，甚至疲惫不堪。而每日直线时间计划法能让你得到每件事完成后的满足感，并使你熟悉每个个案，进而能用心思考、计划和做事。

拟出时间表，会帮助你养成安排直线时间的习惯。这样，一旦你手头有个案时，你便能更好地运用。很快地，你会培养出更用心的能力，而这将使你有活力去做任何计划，进而进步神速。

5. 及早消除你的损失。

这方法在很多场合都相当有用，尤其是在你初次想改善成果或获得更多成就时。这方法只是要你按照时间表做事，即使你得在上头减去一些事和稍有耽搁。

比如说，假设你今天计划做3件重要的事，然后在吃午餐后，再过目明天早上会议所要的一些重要资料。在完成第一个计划后，你看看时钟，正好是11点。你不可能继续做第二个和第三个计划，可是你也许会选择去减少你的损失。这样的话，你只好略过你打算在今天做的计划，而你略过的事，可以晚一点或明天当你有空时再做。

虽然，这种方式不能帮你处理更多的事，但是它能让你跟得上计划表。你在每天或每周有部分落后，但所预定的整体活动却不会有所影响，因为你跃进的幅度可以补偿你所落后的，所以，只有一两件事受到影响而已。

6. 想象完成计划的喜悦。

在平常我们可以试着想：问题解决了有多高兴，然后入睡。

若第二天答案没有出现，别灰心！总得多试几次，你才能支配自己的潜意识。或许你的思考程序有瑕疵，隔天再输入一次，直到找出答案为止。

但要如何重新输入呢？再次研究这个问题，重新思考，回顾所有的假设、已做的决定和资料。对问题描述得更清楚，然后花几个钟头假想，如果答案出来了，该是多么美妙啊！

若过了一个星期还没有答案，不如这样做：到安静的角落里坐一会儿，告诉自己再过不久就会解决了。但第二次的定义、分析、解释绝对不要和前一次相同，这点相当重要。每次都具体而不相同，帮助你扫去潜意识的障碍。即便你真的无法加入新的观念，也不要忧虑。告诉自己："我一定得找出答案，我知道我能找到。"然后放松自己，不再想它。过了一个星期或更久一点，你就有答案啦！也许是当你睡醒时、冲凉的当儿、开车的途中或等电梯的片刻，它会突然闪现。越是重要的问题，出自潜意识的答案往往越正确、越卓越。它是你心血的结晶，突然闪现，无迹可寻，但绝对会指出新的方向，使你所付出的精力和勇气得到丰硕的回报。

一旦体验到了这种苦尽甘来的喜悦，你会用这种新的能力去征服更大的困难。当然，它需要投入更多的努力、精力、时间、耐心和自信才成。然而知道如何运用潜意识，是件多么令人兴奋而又令人信心十足的事啊！

第四章

要事第一：摆脱各种缠身的琐事

　　生活是复杂的，每个人都有喜怒哀乐，都有亲朋好友，都忍受着无穷的琐事干扰。完全回避这些是不现实的，但是，对于一个想干事业的人来说，必须分清事情的主次，哪些是需要做的，哪些是不需要做的，哪些事关照一下就行，哪些事干脆应该放弃……从而为自己去做最重要的事留下充足的时间和最多的精力，否则你就是一个不能驾驭时间的人，并会因而使自己的梦想成为泡影。

时间也是需要安排的

　　美国有个钢铁厂的厂长，非常忙，总觉得时间不够用，那么怎么办呢？他找管理大师杜拉克先生，向他诉苦："我太忙了，如果谁能让我把每天的事情做完，我当场就付给他 2.5 万美金。"

　　杜拉克先生思考了一下，说："你能不能分析一下你自己所做过的每一件事情，什么是你想做而且做了的，有多少事情是你没计划做但也做了的，这两类事情所占的比例是多少？"厂长说："你说对了，我经常被突如其来的事情把我的时间安排打乱，我不想做的接待，但去接待了，我不想参加的仪式也不得不去参加，使我没工夫来思考我该干什么。"杜拉克说："这样吧，你每天上班的前五分钟，把你想做的事情写下来，标题叫：今日主要事项。然后按照重要性顺序排列，所谓重要性是根据你对目标的理解来定，最重要的事情放在第一位，第二重要的事放在第二位，依次排列，然后你开始做第一件事，在完成第一件事之前，不再做其他任何事情。如果你完成了所列的五件事，再考虑做其他的事情。"

　　厂长依照杜拉克先生的建议去做，每天如此，经过一段时间，他的工作安排得井井有条，而且效率极高；每周也如此，把一周的五件事列出来，一件一件去着手完成；每月也如此，在当月的第一天，把全月主要的五件事写下来，再依照执行，而且从不间断。效果终于出来了，他欣然付给杜拉克先生 2.5 万美元。经过几年的实践，他成了全美的钢铁大王。

　　民间流传着这样一句脍炙人口的古诗："射人先射马，擒贼先擒王"，它说的是"处理问题应当先抓住要点"的道理。

工作时，很多人都有过这样的经验，一会儿要复印，一会儿要接电话……既无聊又浪费时间。由这个经验可知，在工作进行时必须解决的事情实在很多。在工作单位中，地位高的人，琐碎的事可以交代下属去做，而中层干部可支配的下属就比较少，而一些完全没有下属的工作人员，或是自己开店的人，复印等琐事就必须要自己做。

可是，忙于琐碎的事往往会影响重要工作的进展。有些人会觉得工作愈忙愈好，但是忙着琐碎的事和忙着正事，这中间有很大的差别。即使是同样花时间工作，其一分一秒的价值却完全不同。

1. 明确行动目标。

一天的事情有很多，有一些是迫在眉睫的，而有一些是可以暂且缓一缓的，也就是说事有轻重缓急。

有些非生理需要的事情，就难于判断出哪些重要而哪些不重要了。比如说，A 和 B 同时与你预定在 8 点钟约会，约谁合适呢？这时候选择与谁约会，就要看你的目的究竟是什么了。你要找女朋友，而 A 约你正是这个意思，你会毫不犹豫地去与 A 约会；而你需要升迁，B 约你也恰好是这个意思，毫无疑问，你要去会见 B。也就是说，要根据自己的某些目标来确定，如果这两个方面你都没有兴趣，那就只好用抛硬币来决定了。

有一位公司的经理去拜访卡耐基先生，看到卡耐基干净整洁的办公桌感到很惊讶，他问卡耐基说："卡耐基先生，你没处理的信件放在哪儿呢？"

卡耐基说："我的信件都处理完了。"

"那你今天没干的事情又推给谁了呢？"这位经理紧接着问。

"我所有的事情都处理完了。"卡耐基微笑着回答。看到这位公司经理困惑的神情，卡耐基解释说："原因很简单，我知道我所需要处理的事情很多，但我的精力有限，一次只能处理一件事情，于是我就按照所要处理的事情的重要性，列一个顺序表，然后就一件一件地处理。结果，完了。"说到这儿，卡耐基双手一摊，耸了耸肩膀。

"噢，我明白了，谢谢你，卡耐基先生。"

几周以后，这位公司经理请卡耐基参观其宽敞的办公室，对卡耐基说："卡耐基先生，感谢你教给了我处理事务的方法。过去，在我这宽大的办公室里，我要处理的文件、信件等，都是堆得和小山一样，一张桌子不够，就用三张桌子。自从用了你说的方法以后，情况好多了，瞧，再也没有没处理完的事情了。"

这位公司经理就这样找到了高效工作的办法，几年以后，他成了美国社会成功人士中的佼佼者。我们为了个人事业的发展，也一定要根据事情的轻重缓急制订出一个计划来。我们可以每天早上制订一个顺序表，然后再加上一个进度表，这样，就会更有利于我们向自己的目标前进了。

2. 行动的 5 个层次。

行动可以分为 5 个层次：重要且紧急、重要但不紧急、紧急但不重要、繁忙以及浪费时间。

第一，重要且紧急。

这些是必须立刻或在近期内要做好的工作。例如，老板要你在明天早上 10 点钟以前提出一份报告、你的汽车引擎有堵塞的情形、生产前阵痛已经到了每 3 分钟痛一次。

现在，除非是这些情况同时出现，否则你都能够处理它们。因此它们的紧急性和重要性，要比其他每一件事都优先。如果拖延是造成紧急的因素，现在则已经不能再拖延了。在这些情形下，时间管理就不会出什么问题了。

第二，重要但不紧急。

能否注意这一类工作，可分辨出一个人办事有没有效率。

我们的生活中，大多数所谓重要的事情都不是紧急的，我们可以现在或稍后再做，在很多情形之下似乎可以一直拖延下去。而在大多的情形下，我们确实这样拖延着，这些都是我们"永远没有着手"的事情。

例如，你要参加提升你专业技术的培训班，你想找出时间先做一番初步的资料搜集，之后再向老板提出你的计划；你一直想写的两篇文章；你想开始的节食计划；3 年以来你一直计划要做的年度健康检查；你一直打算要建立起来的退休计划。

这些工作都有一个共同点：尽管它们具有重要性，可以影响到你的健康、财富和家庭的福利，但是你如果不采取初步行动，它们可以无限期地拖延下去。如果这些事情没有涉及别人的优先工作，或规定期限而使它们成为"紧急"事件，你就永远不会把它们列入你自己优先要办的工作中。

第三，紧急但不重要。

这一类是表面上看起来是极需要立刻采取行动的事情，但是如果客观地来检视，我们就会把它们列入次优先级里面去。

例如，某一个人要求你主持一项筹集资金的活动、发表演讲或参加一项会议。你或许会认为每一件都是次优先的事情，但是有一个人站在你面前，等着你回答，你就接受了他的请求，因为你想不出一个委婉拒绝的办法。然后因为这件事情本身有期限，必须马上去做，于是第二类的优先事情就只好向后移了。

第四，繁忙。

很多工作只有一点价值，既不紧急也不重要，而我们常常在做更重要的事情之前先做它们，因为它们会使你分心——它们提供一种有事做和有成就的感觉，也使我们有借口把更有益处的第二类工作向后拖延。

如果你发现时间经常被小事情占去，你就要试一下学会克服拖延。

第五，浪费时间。

是不是浪费时间，当然是属于个人的主观认定。

有人说美国小说家海明威给"不道德"下的定义是："事后觉得不好的任何事情。"我不知道他这个定义是不是能够经得起理论的鉴定，但是我确实认为这个定义可以用在"浪费时间"这4个字上。例如，如果我们看完电视之后觉得很愉快，那么看电视的时间就用得不错。但是如果事后我们觉得用来看电视的时间不如用在修剪草地、打网球，或看一本好书上，那么看电视的时间就可以归在"浪费"的一类（不过，根据很多商业人士的标准来看，95%的看电视时间都应该归入此类，因此，下次在你伸手去打开电视的时候，很值得细想一下）。

努力节约时间而又做不到的人，常常想把他们的没有效率怪罪在这一类事情上。不过这不是问题所在，问题是把太多的时间用在第三和第四类而不是用在第二类事情上。

精力一旦集中，效率立即倍增

有很多人缺乏效率，恰恰是因为他们想有更高的效率。他们常想同时做很多的事情，结果欲速则不达。在做一件事情时，用多少时间并不重要，重要的是你是否"连贯而没有间断"地去做。

有人问拿破仑打胜仗的秘诀是什么。他说："就是在某一点上集中最大优势兵力。也可以说是集中兵力，各个击破。"这句精辟的话道出了集中精力对于成功的重要性。

別输在时间管理上

许多管理者工作不可谓不努力，工作时间不可谓不长，但就是成效不大。而他们自己也清楚，效率不高的原因是他们的精力没有得到有效的集中，这常常是他们自责的原因。他们一直在忙活着，而实际上，工作、学习的内容没有多少进到他们的脑子里。这实际上是工作方法的问题。

要想真正成功，必须集中精力，全神贯注。当你受到干扰之后，你还得花时间重新启动你的思维机器，尤其是当你受到几个小时或几天的干扰之后，就更需要较长的时间来加热思维机器。这无疑对效率是有极大损害的。这也就是为什么有的人整天很忙，却总觉得自己的时间不够用。

对于很多人来说，集中精力比较难，因为他们容易受到干扰。一切都可能成为干扰：一项体育活动、热点问题、某些生活情形、与同伴的争执甚至天气等，不一而足。比如有的人在雨天不能有效工作，是因为"阴雨天影响情绪"。如果你将自己的时间主要花在应付干扰和琐碎的事务上，你永远无法真正驾驭自己的生活。

由于我们生活在一个复杂的社会群体之中，所以任何人都无法完全避免干扰。管理者也许要说，有很多干扰是我们拿薪水必须做的事情啊，例如和顾客谈话、答复员工的问题、接听老板的电话——这些都是分内的工作，是不能避免的啊。尽管如此，我们仍然能够尽量减少干扰。

首先，缺乏效率的人应该仔细地打量自己的工作和学习环境。精力无法集中的人，自称要消除精神疲劳、改变心情，常常会在写字台周围摆上各种不相干的玩意儿，实际上这些东西无形中也对你形成了干扰，尽管是不易察觉的。这时候，办法只有一个，除了达到当前目的所必备的东西之外，不让自己看其他东西。

成功的作家都认识到集中注意力的重要性。现代多产小说家之一，法国侦探小说作家乔治·西默农在写一本书的时候，就把自己完全和外界隔绝开来，不接电话，不见来访的客人，不看报纸，不看来信。正如他说的，生活得"像一名苦行僧"。在他完全沉浸于写作大约 11 天之后，他出来了，并完成了一本最畅销的小说。

俗话说："一箭双雕。"在某些情况下，我们同时做两件事情也是可以的。但很多勤奋的人狂热地想获得每一分钟的最大效用，时时都想同时去做几件事，这样就不太现实了。

歌德说过："有一件事是你总能预想到的，那就是不可预见之事。"干扰总会有的，我们应该学习如何对待它。多数干扰初看起来似乎比实际上要重要得多，而实际上很多干扰是我们完全能忽视的。

另外一些我们至少在当时可以否认，也就是说，我们完全可以心安理得地将其先搁置一旁，以后再去应付。还有一些则需要我们立即关注并腾出时间来处理。既然你总是不得不面临一些"无法预见"的燃眉之急，你应该立即采取预防措施。

比如，一个出租车司机，每个冬天总会由于还使用着夏季轮胎而有几次在雪天无法出车，你会如何评价他？你会说："他应该早做打算。"正如某些地区每个冬天都会下雪一样，如果我们能对可预见的情况早做打算，很多干扰就可以避免。

当然，谁也不能预见每个意外。生活不是一个完美计划的机械写照，不会按部就班地运行。有时会出现燃眉之急，要求我们立即处理。紧急情况出现的可能性较高，可能每周甚至每天都发生。关键在于，你应该把这些干扰纳入计划，而不是让它们瓦解你的计划。要么你围着干扰转，要么让干扰跟着你转。

我们应该懂得在日程表中安排一个专门处理干扰的时间。为此每天至少应该安排两个小时。如果不出现问题，你就赢得了额外的时间。无论如何，你不要让干扰耽误了你所计划的结果。

同样，你也可以每两周安排一天专门处理干扰，或是每6个月安排3~5天。如果可能，你可以聘请某人，替你处理那些可由他人代你应付的干扰。这些都是很有效的方法。

总之，我们应时刻记住，花多少时间做事情并不是最重要的，关键是做事的质量，也就是做事时集中精力的程度是更加重要的。重视时间的长短却不重视利用它的效果是我们经常走入的一个误区。

另外，不管是学得更快，还是干得更快，都是一个效率问题。

如何在你的日常工作和生活中，使效率得到充分的展现？比尔·盖茨认为最实用、最重要的方法则是——集中精力、高度投入。三心二意、心猿意马绝不可能换来高效率，就是天才也不行。反之，有效地把精力、时间集中在当前所做的事情上，就可以产生能量聚焦效应。高度专注、高度投入，这是提高效率最简单最有效的秘诀。

比尔·盖茨从小就精力过人，从小就极爱思考，一迷上某事便能全身心地投入。在湖滨中学读书时，他常按自己的兴趣爱好来安排学习。比尔·盖茨在喜欢的课程上狠下功夫，学得非常棒，如数学和阅读方面。每次父母看到他拿回来的成绩单，尽管他们知道他在一些课程上会学得更好，但他们并没有拉下脸来责备他。因为他们知道这样的学习才是高效的学习，才能始终保持那种难得的专注意志，从而有利于将来创造人生的大业。

那些成功的人士，其实没有什么超人的本领，如果说有的话，他们只不过比别人更善于利用时间、管理时间。

有意识地训练自己在利用时间方面的本领，你才能从时间里找到自己更多的人生价值。

做一个时间管理高手

　　每天有许许多多的事情等着我们去做，如果我们不分主次地进行工作，那么到头来我们不仅丢了"西瓜"，很有可能连"芝麻"也捡不到，使一些本来可以"生出效益的时间"白白地浪费掉。

　　比尔·盖茨就是一个善于分清主次的人，他每天总是挑最重要的事先做，次要的事情放后一点。他在经营理念上也是如此，盖茨曾将绝大部分时间用于自己最挚爱的事业：与为微软立下汗马功劳的开发员齐心协力开发软件。新角色或许给了他充分发挥最佳才能——敏锐得近乎离奇的预见力的空间，他预见到应将新兴软件技术进行巧妙组合，增值为人们必不可少的符合"行业标准"的产品，而这也将增加对微软及其他厂商软件的要求。他适时地融入新工作，并开始指导堪称所有集成项目鼻祖的 Long horn（实际上是 Windows 的全新版本）的开发工作。

　　如果 Long horn 能够成为真正意义上的超级 Windows，它的计算功能将令 Oracle、Sun、AOL Time Warner 和 Sony 望而却步。但是这并非盖茨最关心的，无论是工作还是家庭，都有太多的事情需要他来操持。放弃 CEO 的职位使得盖茨重新拥有所钟爱的晚上和周末的"思考时间"，使他有更多的机会扮演家庭成员的角色，有时间专注于他的基金会斥资 240 亿美元攻克艾滋病及其他难题。

　　但很多时候，人们总是被习惯束缚着自己的手脚，在处理问题时总是根据事情的紧迫感，而不是事情的优先程度来安排先后顺序，这样的做法是被动而非主动的，成功人士不可能这样工作。

时间管理的精髓即在于：有主次之分，设定优先顺序。即把要做的事情分成等级和类别，先做最重要的事，再做次要的事。优先保证做最重要的事的时间，就能优先保证做好最重要的工作，从而能够从大局上控制时间的价值。

比尔·盖茨认为：那些善于管理时间的人，不管做什么事情时，首先都用分清主次的办法去统筹时间，把时间用在最有"生产力"的地方。

如何分清主次，把时间用在最有"生产力"的地方呢？比尔·盖茨归纳了3个判断标准：

1. 首先明白我们必须做什么？

这有两层意思：是否必须做，是否必须由我做。非做不可，但并非一定要你亲自做的事情，可以委派别人去做，自己只负责督促。

2. 其次应该明白什么能给我们最高的回报？

应该用80%的时间做能带来最高回报的事情，而用20%的时间做其他事情。所谓"最高回报"的事情，即是符合"目标要求"或自己会比别人干得更高效的事情。

最高回报的地方，也就是最有生产力的地方。这要求我们必须辩证地看待"勤奋"。"业精于勤荒于嬉"，勤，在不同的时代有其不同的内容和要求。过去人们将"三更灯火五更鸡"的孜孜不倦视为勤奋的标准，但在快节奏高效率的信息时代，勤奋需要新的定义了。勤要勤在点子上，这就是当今时代"勤"的特点。

前些年，日本大多数企业家还把下班后加班加点的人视为最好的员工，如今却不一定了。他们认为一个员工靠加班加点来完成工作，说明他很可能不具备在规定时间内完成任务的能力，工作效率低下。社会只承认有效劳动。

3. 再其次应该清楚什么能给我们带来最大的满足感？

最高回报的事情，并非都能给自己最大的满足感，均衡才有和谐满足感。因此，无论你地位如何，总需要分配时间于令人满足和快乐的事情，唯有如此，工作才是有趣的，并易保持工作的热情。通过以上"三层过滤"，事情的轻重缓急就很清楚了，然后，以重要性优先排序（注意：人们总有不按重要性顺序办事的倾向），并坚持按这个原则去做，你将会发现，再没有其他办法比按重要性办事更能有效利用时间的了。

当然，除了要强调优先重要，还要强调长远重要。这是"第四代时间管理学"超越前三代的突破性理念，也是"第四代时间管理学"的核心精髓。强调长远重要，即强调做"不急迫却重要而长久的事"。

在人们的日常生活中，会遇到很多这样或那样的事情，虽然有些都不是眼前最急迫的事情，但是对于长远、大局来说却有着重大的意义。比如锻炼身体，锻炼不锻炼眼前看不出多大差别，但是对于长远来说却极为重要，有着极为深远的效益。有些人不舍得在这类事上花费时间，实在很不明智，与长远计算的总账相比很不划算。

在时间的管理上，要兼顾长远性与急迫性，要高度重视对眼前虽不紧急但却有深远影响的事务的处理。这一法则，把时间管理上升到了战略高度。

最后，要成为时间管理高手，不仅要掌握这样那样的时间管理的法则、技巧，还需要苦练治心治惰的功夫。时间管理与情绪治理是彼此制约、相辅相成、同步发展的关系。

如果没有积极、兴奋的情绪，哪怕掌握了很多时间管理的法则、技巧也无济于事。那些对工作、对生活充满了消极、厌倦情绪的人，那些懒于奋斗、不求上进的人，发愁的不是时间不够用，而是如何打发时间。

如果你想成功，首先要做一个优秀的时间管理者，让每一分每一秒的时间都发挥出它最大的效益。

不要在小事上纠缠

虽然很多事情都是从小事开始的，但是，只有专心致志地做大事，才有可能谈得上高效率。然而既有趣又悲哀的是，我们通常都能够很勇敢地面对生活里面那些大危机，却经常被一些小事情搞得垂头丧气。

美国一支早期的南极科考队就遇到过这么一件事情。在又冷又黑的极地之夜，科考队员可以毫无怨言地在零下80℃的环境中工作，但是，一件小事却硬生生地把一个人给逼疯了。这件小事就是，一个科考队员坚持自己吃东西的方法，每一口食物都要嚼过28次才吞下去，而那个被逼疯了的人目睹过他的一次进餐过程。

在日常生活中，小事也会把人逼疯。例如在仲裁过4万多件不愉快的婚姻案件之后，芝加哥大法官埃尔文·约翰逊就曾经说过："婚姻生活之所以不美满，最基本的原因通常都是一些小事情。"纽约的地方检察官派蒂·波森也说过："我们的刑事案件里，有一半以上都起因于一些很小的事情。"

怎样化解这些小事对我们情绪的干扰，并且使我们把情绪波动的时间腾出来工作呢？

最专制的俄国凯瑟琳女皇二世在厨子把饭做坏了的时候，通常只是付之一笑。美国第32任总统富兰克林·D·罗斯福与夫人刚刚结婚的时候，罗斯福夫人每天都在担心，因为她的新厨子做饭做得很差。后来她说："可是如果事情发生在现在，我就会耸耸肩，把这事给忘了。"事实就是这样，"耸耸肩"就是一个好做法。

罗斯福夫人还对她的厨子说过这么一个故事：

在科罗拉多州长山的山坡上，躺着一棵参天大树的残躯。它刚刚发芽的时候，哥伦布才刚刚在美洲登陆。第一批移民到美国来的时候，它才长了一半大。400年来，它曾经被闪电击中过14次，被狂风暴雨侵袭过无数次，它都安然无恙。但是在最后，一小队小甲虫攻击了这棵大树，那些小甲虫从根部往里咬，持续不断地往里咬，渐渐伤了大树的元气，终于使大树倒了下去。

是的，我们的生命也是这样，也是可以经历雷电的打击，却经不住一种叫作忧虑的小甲虫的噬咬。

罗斯福夫人所言不差，而我们更要清清楚楚地说，在多数的时间里，我们要想克服被一些小事所引起的困扰，只要把目光转移一下就行了——让我们有一个新的、能够使我们开心一点的看法——如此一来，热水炉的响声，也可以被我们听成美妙的音乐。很多其他的小忧虑也是一样，我们不喜欢它们，结果弄得整个人很颓丧，原因只不过是我们不自知地夸大了那些小事的重要性。

当然，最重要的方法，就是果断地舍弃那些小事。

有一个叫艾克的美国人，他就在对小事的舍弃中，迅速成就了自己"伟大的梦想"。

像大多数人一样，艾克从年轻的时候开始就想拥有汽车与洋房，但他最喜欢的却是在美国从事传教工作。不久之后，艾克果真拥有了庞大的事业及财富，但艾克认为自己管理不了那么多的资产，那些汽车、洋房都需要照顾。于是，他把自己认为多余的汽车和洋房分给他的儿女，只留下两栋房子和四辆汽车给了妻子，然后又把自己的事业交给了子女们打理，自己则致力于另一件梦寐以求的工作——教书。第二年，学校用公费让他到国外去学习企业管理研究课程。他所到之处，每所大学都提供一栋房子、两辆车子让他和他的妻子使用。艾克说："我似乎无法避免拥有一大堆房子和车子，但至少现在我不必再花心思去保养它们了。"不仅如此，每当艾克到了一个新的国度，人们都会很快在当地他所属的宗教团体找到他，并邀请他在周末集会时发表演讲，传经布道。

是的，自己不喜欢做的工作，当然就是不足挂齿的小事。舍弃自己不喜欢做的工作，应该也只是小事一桩。

但是，我们中的很多人在工作中并不知道自己要做什么，或者把时间消耗在自己不喜欢做的事情上。例如有一位机械师就不喜欢自己的工作，想转行，却迟迟下不了决心，因为他觉得自己无法抛开累积了二十多年的机械专业知识。其实，他应该果断地做出决定：转行，专注于自己喜欢做的工作！人人都能够拥有的专业知识毕竟算不得什么，自己喜欢的工作毕竟是专属于自己的，也是更容易激发自己的想象力和创造力的。做自己喜欢做的工作，我们就会更加容易高效率地取得属于自己的卓越成就。

每个人都必须当机立断，去做自己喜欢做的工作，当知道自己已经走错了方向时，就要及时转向，朝着理想的方向走，做到身心合一不分离。如果明明知道错了还要继续错下去，最终当然会一败涂地。要防止自己出现以上状况，要改变自己的类似状况，我们除了自信地转向就别无他途。

做自己喜欢做的工作，效率才会高；做自己不喜欢做的工作，取得高效率，就要付出极大的代价。而实际上，我们大多数人，都没有把自己的时间专注于自己喜欢做的工作上，总是逼着自己把自己讨厌的工作做到最好，甚至可以说就是自己对自己挥舞着皮鞭！这样的人，经常感到缺乏前进的动力，经常在事业的瓶颈处无法突破，还以为自己根本就找不到自己喜欢的工作。他们不知道，要找到自己真正喜欢的工作，只需要把自己认为理想和完美的工作条件列出来就一目了然了。

高效率人士，一般都在做着自己喜欢做的工作。在小事中，他们一般都很洒脱。

是的，要想取得工作的高效率，我们只有专注于自己喜欢做的工作，而不要在小事上耗时纠缠！

说到底，只有做自己喜欢做的工作，我们才有可能比较充分地发挥自己的天赋，才有可能取得应有的高效率。

假如我们只能去适应而且只能长期去适应自己不喜欢的工作，那么，我们就干脆死了高效率的那份心，早一点了结工作的梦想，省得让自己不喜欢的东西对自己横加摧残。

时间管理就要“目中无人”

许多企业的老板在公司发展到一定规模之后，都会感到时间不够用，事情总是太多、太琐碎，人也总是像机器一样高速运转停不下来。其根本原因是，当企业发展到一定规模时，这些老板就变成了“老总”，总想管着所有的人，总想办好所有的事，总想赚完所有的钱。这样一来，就会感觉到时间非常不够用，整个人也处于疲惫状态。

而许多企业的员工，也大多属于“三无员工”，即无明确的目标，无很强的执行力，无相互沟通的习惯。通常是坐在电脑前各忙各的，这样看似很累，工作效率却始终没有明显的提高。

要想管理好企业，提高工作效率，其实并不是一件难事，只要做到"目中无人"，就能够让自己的企业迅速获得成功。想要做到目中无人，首先要明白什么是"目中无人"。所谓目中无人，一是要明白时间本身就是目中无人的，它是看不到摸不着的，它不会因为你的贫穷或富有而对你有一丝偏见，它也不会因为你的祈祷或哀求而停止片刻，它对每一个人都是公平的，不会钟情任何人，不会欺辱任何人；二是要拥有目中无人的心态，要懂得自己的时间自己做主，你的时间是属于你自己的，别人无权也无法从你身上剥夺它，你关注的是你自己的时间本身的价值，而不是别人的喜怒哀乐，要学会按符合自己时间习惯的规律科学合理地安排自己的工作；三是要具备目中无人的行动力，能够对时间进行自我管理和自我约束，不被外界的其他事物所干扰，不过多考虑外界的因素，更不要因为外界的因素而影响自己的判断力和行动力。

请记住：无论何时，无论何地，没有任何人能阻碍你对时间的追求，也没有任何人能剥夺你拥有时间的自由。

很多时候，所谓的目中无人，更多的是排除干扰、抓紧时间刻苦学习和工作的过程。古今中外，有许多成功者都是"目中无人"的代表。著名数学家陈景润是个勤于学习的人，他喜欢读书，常常陶醉其中，达到"忘我"的境界。

有一次，他去理发店理发。可一进理发店，他发现里面的人特别多，大家排着队理发。陈景润拿的牌子是 38 号，他想：轮到我还早着哩。时间是多么宝贵啊，我可不能白白浪费掉。他赶忙走出理发店，找了个安静的地方坐下来，然后从口袋里掏出个小本子，背起外文生词来。他背了一会儿，忽然想起上午读外文的时候，有个地方没看懂。不懂的东西，一定要把它弄懂，这是陈景润的脾气。他看了看手表，才 12 点半。他想：先到图书馆去查一查，再回来理发还来得及，于是他站起来就走了。谁知道，他走了不多久，就轮到他理发了。理发员大声地叫："38号！谁是38号？快来理发！"而此时的陈景润，正痴迷地坐在图书馆里呢！

过了很久，陈景润在图书馆里把不懂的东西弄懂了，这才高高兴兴地往理发店走去。可是他路过外文阅览室，发现里面新添了许多书。于是，他又跑进去看起书来了，一直看到太阳下山了，他才想起理发的事儿来。他一摸口袋，那张38号的小牌子还好好地躺着呢。但是他去理发店还有什么用呢，这个号码早已过去了。

又有一天，陈景润吃了早饭，带上两个馒头、一块咸菜，到图书馆去了。他在图书馆里，找到了一个最安静的地方，认认真真地看起书来。他一直看到中午，觉得肚子有点饿了，就从口袋里掏出一个馒头来，一面啃着，一面还在看书。

下午下班的铃声响了，管理员大声地喊："下班了，请大家离开图书馆！"人家都走了，可是陈景润根本没听见，还是一个劲儿地在看书。

管理员以为大家都离开图书馆了，就把图书馆的大门锁上，回家去了。

时间悄悄地过去，天渐渐地黑下来。陈景润朝窗外一看，心里想着：今天的天气真怪！一会儿阳光灿烂，一会儿天又阴啦。他拉了一下电灯的开关线，又坐下来看书了。

可见，一个成功者，是需要有点这种"目中无人"的执着精神的。

那么，如何做到目中无人呢？有个简单的口诀：

目标设置要合理，

中期检查不可少，

无效工作应避免，

人际沟通最关键。

口诀很简单，道理也很容易理解。

1. 要有一个明确的目标。

没有目标的时间，就会漫无目的地从你身边悄悄流走，这样的损失是无法估量的。因为，时间的价值是可以累积的，是可以慢慢升值的。

2. 要有明确的流程。

在工作中，如果有明确的方法和流程那自然是好，如果没有，起码也应该有一个定期的检查。如果我们不可能一下子建立流程管理的系统，最起码要做到中期检查，这样就可以发现问题，及时纠偏，亡羊补牢也还来得及。

3. 尽量避免无效工作。

所谓无效的工作，大致可以分为两类，一类是绝对无效劳动，这类工作压根就没有意义，对于这类工作，要在一开始制定工作时，就及时剔除。怎么做呢？4个字："简单合理。"一是精简各项工作任务，可做可不做的坚决不做；二是实现单一管理，同一类事情交给一个人做，由一个人承担责任，并建立考核机制；三是能合并的工作合并完成，尽量集中起来做，并为此建立监督机制。还有一类无效工作是相对无效劳动，主要是指时间接口不对，也就是工作上产生时间应用偏差，比如你想喝茶，水烧开了，可是发现茶叶没了，去买茶回来发现水又凉了。解决这类问题的关键在于排序，学会运用统筹方法，建立最恰当合理的工作流程。

4. 注重人际沟通。

所谓的目中无人，是一种心态和理念。有时候，许多的工作需要大伙相互配合才能完成，很多事情需要上传下达才能实现。时间管理沟通的重点在于找到时间切合点。

因此，我们在生活中，如果珍惜时间，就做了时间的主人；如果浪费时间，就做了时间的奴隶。如果我们不合理利用时间，时间就会把我们的青春耗尽。

那些不珍惜时间的人，必然会陷在麻烦和空虚中，一事无成。在一个珍惜时间的人的脑子里经常居于最高位置的想法应是：我是不是在做无意义的工作呢？我的贡献是什么？这种人最知道时间的价值，在任何情况下都不会浪费时间。他们在充分利用时间上技巧娴熟，不允许在工作日里出现空闲。

珍惜时间，就要学会做时间的主人，要懂得合理支配时间。过去已经是一去不回，未来只是意念中的事。世界上每一件事情的完成，都是由于某个人或某些人认识到今天才是行动的唯一时间而完成的。

我们需要做的不是等待未来，而是抓紧现在，做好手头的工作。

不要用忙做借口

有些人成天忙得团团转，但他是否真的很勤快呢？有些人到了下班时间，还有一大堆事情尚未处理，这是否意味着他的忙碌是没有意义的呢？或许你会发现，像这种成天忙碌的人，工作往往是没有效率的。

有些主管整天呼来喊去，骂这骂那，书桌上的公文及资料文件堆积如山，似乎有忙不完的工作，可以将他们称为"无事忙"。

若你有事请教，他会很不耐烦地转头说："我很忙。"在你问题尚未说出前，就给你来个下马威。的确，他是很忙，但这种忙碌是否具有实质意义呢？相反地，有的人对每件事都处理得井然有序，不管公司内外，大大小小的事，他都能迅速地亲自处理，并且让人一目了然，甚至有时还悠闲地表现出一些幽默和情趣。这到底是怎么回事呢？有人对公司那些"无事忙"的主管做过心理分析，很不幸地，结果发现他们忙碌的理由都是可笑的，有的甚至只是为了要将自己的能力表现给他人看，却完完全全地与效率和合理脱了节，这正是很多管理者常常犯的错误。

意大利著名建筑师安德烈亚·帕拉第奥可能是历史上被模仿最多的建筑师了。他说过这样一句话："人大可以不必那样忙！"

原先他是利用时间的楷模，整天没有闲着的时候，除了设计和研究，还要管一些杂七杂八的事，且占用的时间大大超出了正常工作量。有人问他："你怎么那么忙，好像时间总也不够用。"

后来，一位学者见他整天风风火火的，还是没有取得多大成绩，便对他说："人大可不必那样忙！"这仿佛是一语惊醒梦中人，使他恍然大悟。他反省自己，发现曾经抓紧时间做的很多事，其实都没什么用，不但没有效益，反而浪费了许多时间。

于是，他去掉那些偏离主导方向的事情，把时间花在更有价值的事情上。没多久，他就写出了他的传世之作《建筑四书》。该书至今仍被许多建筑师们奉为建筑学的《圣经》。他的崇拜者不计其数，甚至包括美国总统托马斯·杰弗逊。

看了这个故事，我们恐怕不难明白为什么帕拉第奥会获得成功了。

懂得珍惜时间是一件好事，但同时要记住还要懂得怎样利用时间。拉布吕耶尔说："最不好好利用时间的人，最会抱怨它的短暂。"那么，如果你把时间合理地利用好了，也就会觉得它其实很充裕。这在某种意义上说，也等于延长了你的生命。

在我们做一件工作前，应当考虑如何用最简单的方法去获得最佳的成效，拟定一个周密的计划，再着手去做。若只是因一时的兴起而从事工作，不但事倍功半，而且也不易成功。工作时如果只是要将自己的忙碌告诉他人，我们可以断定这种人所忙的都只是一些无聊的事。因为一个工作有计划的人，是不会那么忙碌的。有一位公司的高级主管，他总是笑脸迎人，优哉游哉，做事非常有效率。与客人一见面，他会直截了当地告诉对方："今天我只有三十分钟能和你谈。"或是"今天我的时间较充裕，我们可以慢慢谈。"有一次有人为了一件重要的事情去拜访他，他立刻就将财务科长叫到办公室，第二天，这件事情就解决了。因为他冷静，所以能很快地下决断。成天无事忙的人，是很难有这种"当机立断"的能力的！

无论是高层主管还是员工，若能在一天规定的 8 小时工作时间内将预定工作做完，才是一个有效率的人。我们常看到有些人，要在下班后，才开始紧张忙碌地工作。如果有这样的员工，必定也有这样的主管，因为他的低效，双方才能臭味相投。若是一个主管认识到员工如此工作是没有效率的，相信员工就不会这样做了。

许多人在工作中过分忙碌是因为他们养成了贪多的习惯，这使他们发现自己永远有做不完的事情。

如果你发现自己被许多事情绊住，忙完一茬又一茬，做完一件又一件，想要使所有人高兴，就像刚腾空一个容器，又得把容器装满，那就需要反思自己并想一些办法解决这种情况了。

这种情况和出去度假前把衣箱装得太满是一样的道理，衣箱不能超量装载，工作分配同样也不能超过负荷。应该问一问自己在指定时间内所做的工作，是否能发挥最大效益？或者是否徒劳无功？

无论在上班或私人事件中，想取得成功都需要适当的时间和精力，才能使一生中每一阶段都有所贡献。适当的平衡，意味着把你的时间用得有价值。成绩良好时别忘了给自己和其他合作密切的人予以奖励。

同时还必须防止对自己或旁人做出不能实现的允诺。利用自己的时间，做出尽可能完善的计划。在现实的目标和达到目标的行动取得适当平衡的情况下，你才能在生活的各个方面做出更多的成绩。

接受一项新挑战，必须用一定时间的思考，要写出书面计划，和上司、同事或下属讨论一下。尤其是要和对这项工作有所了解，或者有实际经验的人进行讨论。

工作当中应当想象老板对你现在做的工作是否要求限期当天完成，或者应提前一天？注意，按时圆满地完成每项任务，可以树立追求事业的名誉，全神贯注在你现在最紧要的工作上，在完成当前工作之前，把未来的一切工作都忘掉。列出全部完成的工作清单，以便进行考绩评估时提醒上司。

有的公司的员工为了给顾客提供最佳服务，会答应顾客一些很难办到的事。如果允诺没有实现，往往引起顾客的不满，还使自己陷入尴尬的境地。这提醒我们，不要陷入承诺太多的圈子里。

你认为一天可以对顾客做出答复时，告诉他们需要3天。要知道3天之内会出现许多意想不到的情况，当你在一天内完成允诺，把结果送给顾客时，你会给顾客留下良好的印象。

所以要懂得适时说"不"的重要性，只有这样，你才能有时间做自己最重要的工作，并在接受一项工作或者被分配某项指定任务时有绝对的把握。善于控制时间的人往往会花费一些必要的时间，对可能出现的结果多方考虑，这样才能在处理问题时，站在最有利的位置。

工作时间太多往往会引起家人的不满，引起家庭失和，这也会给你造成很大的损失。在工作中保持各种平衡是非常重要的。要想成功地控制生活，就必须对你花费时间的情况，做一番建设性的忠实评价。针对自己浪费时间的情况予以各个击破。当你能够支配你的一切活动时，相信最重要的成功因素就是你愿意把坏习惯去掉。

想一想，世界上每个人的时间都是一样的，而人和人的成就的差异可谓天渊之别。这该让我们猛然醒悟，做出成就的关键不在于你花了多少时间，如果是那样，那么世界上大多数人的成就应该差不多了。我们该知道关键不在这里。

我们应该反省一下自己：是不是太忙碌了？这种忙碌到底给自己带来了什么？是不是在身心俱疲的同时却忽略了效率？当你感到永远有做不完的事情，当你感到自己像个陀螺永远转个不停、都快把自己转晕了时，你真该静下来，冷静地想一想，自己是不是陷入了一个恶性循环的怪圈；要让自己的脚步慢下来，用宁静的心态、从容的脚步去做事，你反而可能会获得比过去更高的成就。

第五章

惜时如金：把每分每秒用在刀刃上

生活中，很多人都不注重零星时间，致使它们常常在无意间溜走。但实际上这些时间集合起来也是一笔巨大的财富，充分利用它们，你就可以赢得在各项工作之间喘息的机会，收到一些意想不到的效果。

学会利用空闲时间

下面介绍几种利用空闲时间的好方法：

1. 培养个人爱好。

可以试着寻找自己感兴趣的事情，并把它们作为自己的个人爱好，有时间的时候就去玩一玩，放松一下，这样也有益于身心健康。

2. 多读读书，或者参加培训，给自己充电。

书中自有黄金屋，书中自有颜如玉。抽点时间读读书，可以开阔自己的眼界，陶冶自己的情操，也能学会许多自己原本不知道的知识。

现在的激烈竞争，使得许多人都感觉到自己的知识和技能匮乏，利用空闲时间给自己充充电，报个培训班，学些专业知识，是一个不错的选择。

3. 记日记。

记日记能够让人对自己这一天的事情做个总结，日后回忆起来，这也是一份难得的纪念。能够坚持下来的人，大多会有坚强的毅力，这样的人，做其他事情，也容易成功。

4. 加入志愿者。

现在有许多公益组织会招纳各行各业的志愿者，如果你有时间，就加入它们，把自己的时间和经验回馈社会、贡献社会，去帮助更多需要帮助的人。

5. 定期做体检。

现代生活压力大，生活节奏快，大多数人的身体都处于亚健康状况。因此，定期为自己做个体检，能够让自己的身体保持健康。

6. 种些花草。

找一个小花盆，自己种一盆花，或者直接买栽好的花。你可以在空余时间照料它，等它开花的时候，你就能感受到自己多么有成就感。

总之，只要把自己的一些空闲时间充分地利用起来，它们就会成为你人生中一笔非常宝贵的财富。

在现实生活中，许多人浪费了大量的空闲时间。而到了关键时刻，他们就会后悔自己浪费了时间，没有在不忙的时候事先做好准备，而不得不在紧张情况下去面对那些十分尴尬的局面。当前社会上不少人的狂躁很大程度上就是由这些细节引起的。

因此，我们不妨养成居安思危的好习惯，在有时间的时候把握好它，而不是到了没时间的时候再去后悔。

利用空闲时间，可以做许多有价值的事情。

比如，每天我们需要上班下班，而这期间通常是有很多空闲时间的，这些空闲时间也是我们应该利用起来的。那么，这段时间我们怎么来利用呢？

这个时候看书或者看报都是不太好的，因为在车开动的情况下，看书或者看报对眼睛都特别不好，如果在嘈杂拥挤的公交或者地铁上，更是如此，不宜于看书读报。于是，我们可以想到用这个时间来听外语或者相关的培训教程。

在排队的时候，我们不妨安排这些事情：如果有业务需要及时联系，我们可以用这几分钟的时间联系一桩小业务；我们可以用这段时间来清理一下思路，让自己明白当下需要干什么；我们还可以用这个时间来听一下英语，或者记忆一些零碎的东西；实在没有这些事情可做，我们也不妨联系一下多时没有联系的朋友。总之，这些时间是我们可以利用起来的，而且，一旦我们把这些时间利用起来了，我们也就不会觉得排队是一件很烦心的事情了，这样等待的时候就会变得心态平和。

工作中如此，学习中也是一样。如果我们平时能够有效地利用空闲时间，学习效率和学习效果就会得到显著的提升。

一般来说，学习效率最高的空闲时间是睡前、起床后、上班前的半小时。原因如下：

记忆时，先摄入大脑的内容会对后来的信息产生干扰，使大脑对后接触的信息印象不深，容易遗忘，这叫前摄抑制，先摄入的抑制后摄入的；后摄抑制正好与前摄抑制相反，由于接受了新内容而把前面看过的忘了，使新信息干扰旧信息。

睡觉前的一段时间和醒来后的一段时间是两个理想的记忆时段。在睡前的这段时间里，可用来复习白天学过的内容，对于当天接触过的信息，根据艾宾浩斯遗忘规律的叙述，可以保持34%的记忆，因而这个时候稍加复习便可恢复记忆，更由于不受后摄抑制的影响，识记材料易储存，会由短时记忆转入长期记忆。

另外，研究发现，睡眠过程中记忆并不是处于停止的状态，这个阶段中，大脑会对刚接受的信息进行归纳、整理、编码、储存。因此，我们说，睡前的这段时间对记忆知识而言十分宝贵。

清早起床后，由于不会受前摄抑制的影响，记忆新内容或再复习一遍昨晚复习过的内容，则整个上午都会记忆犹新。所以说睡前醒后这段时间千万不要浪费。

而上班前的半小时，常常是大脑在整个上午最清醒的时间，利用这半个小时复习一下前面学过的内容，会让你的记忆更加牢固。同时，这个时间段也是干扰相对较少的时间，有利于集中精力学习和记忆。

下面谈谈利用这三段空闲时间学习的具体方法。

1. 利用洗漱时间。

我们在早晚的洗漱时间一般都很固定，为了达到理想的学习效果，这个时间段一定要充分加以利用。洗漱时可以播放音频资料，虽然时间不长，但每天坚持下来，也会收到十分明显的成效。

2. 阅读相关书籍。

我们不妨在床前和办公桌上放几本相关书籍，每天睡前、起床前或者上班前的几分钟，翻阅几页，坚持下来，你就会慢慢成为一个领域的资深专家。

如果你有早上朗读的条件，不妨试试每天早上朗读10分钟，当然如果能读更长的时间会更好。特别是在清晨的时候，朗读有助于增加注意力。不用去考虑是否能记住，大声朗读材料能增强自信心，并能加深你的记忆力。顺便说一句，一天之中早上的朗读效果是最好的。坚持一年，你会感到自己在发言的时候，可以张口就说，而且引经据典，让人刮目相看。

3. 利用思维导图来加深记忆

我们可以把需要记忆的资料做一个思维导图，使用不同的颜色，并在分支上配上合适的图片。在晚上睡觉之前，详细地观看自己做的思维导图，闭上眼睛试试在头脑里重新呈现这张思维导图，看看自己能记住多少，然后睁开眼睛再重新对照一下，看看哪些是自己没有记住的部分，再重复这个过程。不断重复这个过程，就会收到非常理想的学习效果。

巧妙打理时间

工作中，许多白领似乎有"超能力"一般，能够事事走在别人的前面。其实，他们并没有什么"超能力"，只是他们懂得如何去巧妙打理时间。如果你拥有出色的时间管理技巧，你的工作效率就能够大大提高。想要打理好自己的时间，是有许多方法的。下面的几种方法，或许能对你有所帮助。

1. 为工作做好详细安排。

每天晚上，在睡觉之前，做好第二天的计划。把自己第二天要办的事情一一写下来：要打的电话、要会见的人、要执行的任务等与工作有关的事情。再把你生活中的属于其他类别的重要事情添加在单子上。写完之后，把单子放好，忘掉它，开始抓紧时间睡觉。

第二天早晨，吃早餐的时候再花点时间浏览一下你的工作计划或计算机档案材料。

要不断地坚持自问，你当时所做的事情是否最有成效？这是否是你必须要做的事情？训练你的思维，使大脑整天重复这个问题。还可把你的活动写在卡片上，如果有口袋就放在口袋里。总之，无论如何，使这种思维成为一种习惯。

2. 给生活留出时间。

随着社会的高速发展，现代人身体和心理上都承受着巨大的压力。如果学会时间管理，劳逸结合，不仅可以在工作上做得更加出色，也可以获得更多的休息时间，有助于减轻来自身心方面的双重压力。

人活着就需要工作，只有工作才能获得谋生的基础；只有在工作中，人们才能磨炼自己，走向成熟。但工作不是生活的全部，我们活着不是为了工作，而工作是为了更好地活着。因此我们要树立正确的人生观，那就是，该工作时工作，该生活时生活。

干了一整天，不要早早地休息！如果可能，应有规律地安排一点体育运动。医学工作者一致认为：在新鲜的空气中每天活动 10 分钟，能使你保持良好的健康状态。

人不是机器，同样要遵循能量守恒定律，一味地追求成功，导致体力精力透支，是得不偿失的。而夜晚就是为人们提供一个休闲、缓冲的时段，今夜更好的休息，是为了明天有精力取得更大的成功。

3. 集中时间处理同类问题。

为了节省时间，我们需要把各种事务性的工作和琐碎的小事集中起来，把类似的事情划分到一起，专门拿出一段时间来处理这些事情。

这种集中处理的好处是：连续处理同样的事情，会产生惯性，注意力也比较容易集中，而且准备工作只需要做一次就可以，这样既省时间又有效率。

如果把整理资料这种工作（例如，一天需整理3次，每次需要20分钟）分散在一天的不同时段处理，也就是整理几次，肯定要比连续整理（一次整理60分钟）需要的时间多。即使只想讨论某几个问题，也要安排在一个专门的时间段集中处理。

4. 一次做好一件事。

爱迪生说过："能够将你身体与心智的能量锲而不舍地运用在同一个问题上而不会厌倦的能力……你整天都在做事，不是吗？每个人都是。假如你早上7点起床，晚上11点睡觉，你做事就做了整整16个小时。对大多数人而言，他们肯定是一直在做一些事，唯一的问题是，他们做很多很多事，而我只做一件。"

一个人的精力是有限的，所以你应该先做最重要的事，依次而下。只有当你专注于做对你最重要的事，你才能更有效地使用你的精力。彻底完成一件事后，再开始做下一件事才能提高效率。不是随便什么事情都要你投入相同的精力，分不清重点，一时东一时西只会使你自己陷入混乱，降低效率。

一个人围着一件事转，最后全世界可能都会围着他转；一个人围着全世界转，最后全世界可能都会抛弃他。这"一件事"

的选择是至关重要的。当你选择好属于自己的"一件事"时，就应该全身心地投入到你要做的事上去。

5. 用简单的语言沟通。

有效沟通是企业经营管理和个人在社会生活中经常会遇到的基本问题。中医说："通则不痛，痛则不通。"如果用到沟通上也绝对不无道理。要取得有效的沟通是需要一定的语言技巧的，如果不注意方法的运用，不但收不到好的效果，还会浪费宝贵的时间。因而我们不妨用以下技巧来沟通：

（1）少用长句，尽量使用简短的句子。

频繁使用长句不仅不利于别人集中精力听你说话，还会影响别人对你表达意思的理解。简短的句子方便别人和你进行交流和沟通。

（2）能用肯定句，尽量不要用否定句。

"不""不是""没有"这些词的使用会使别人对你的话的理解产生困难，"这件事如果不这样做就不利于我们工程的进展"远没有"这件事这样做有利于我们工程的进展"听起来让人舒服。

（3）尽量使用主动语态，不用被动语态。

被动语态的使用会使听众对说话者的本意理解比较困难，讨论的对象难以辨认。现在的大多数人都没有足够的时间和耐性去仔细聆听，你应该考虑到对方的感受，尽量保证其能够快速正确地听懂你的意思。

收起你那些累赘的修饰和拐弯抹角的表达吧，简单才是硬道理。

珍惜你的每一分钟

如果你热爱生命的话，就不要浪费时间，因为时间是组成生命的材料。

著名的成功学大师拿破仑·希尔曾指出，如果有效安排时间，好好利用起来，这对一个人将是非常重要的。一天的时间如果不花心思好好规划一下，就会白白浪费掉，就会消失得无影无踪，我们就会一无所成。无数经验表明，那些成功者和失败者最大的差别就是是否懂得珍惜时间，并懂得如何去利用时间。许多人常常认为，这几分钟，那几小时，没什么用，但它们的作用很大。时间上的这种差别非常微妙，要过几十年才看得出来。

你所拥有的最宝贵的财富就是你能够利用的时间，一定要好好安排它，不要让它悄悄溜走，请记住：浪费时间的人，就是在浪费生命。

时光好比河中水，只能流去不能回。它既不可逆转，也不能挽留，是一种不能再生的、特殊的资源，因此拿破仑·希尔认为："一切节约归根到底都是时间的节约。"

时间是最无情的法官，它不会因为你的富有或贫穷就对你有所偏见。它既可以被人有效地利用，也可以被人无情地抛弃。而人类的生命，其实就是有限时间的积累。以人的一生来计算，假如能够活到 80 岁，那大约就是 70 万个小时，其中能有比较充沛的精力进行工作的时间只有 40 年，大约 15000 个工作日，35 万个小时，除去睡眠休息，大概还剩 22 万个小时。生命的价值，更确切地说，是生命的有效价值就靠在这些有限的时间里发挥作用。提高这段时间里的工作效率就等于延长寿命，显然"效率就是生命"也是无可非议的。

懂得珍惜时间，是一个人走向成功的必由之路。但是，想要驾驭好时间，是有一定方法可循的，可以集中表现为以下5个方面：

1. 要善于集中时间。

千万不能平均分配时间，应该把自己有限的时间和精力用在最重要的事情上。不要事事都做，都想做，应该目标明确，做最重要的事，拒绝那些不重要的或者次要的事。一旦一件事情来到你的面前，你首先要问自己："这件事是否值得我去做？"不能遇到事情就做，更不能为了做事而做事。而应该集中起自己的时间，做最有意义、最有价值的事。

2. 要善于把握时间。

时间是成就许多事情的关键，很多时候，抓住了时机，就会牵一发而动全身，能够以最小的代价换取最大的胜利。时间能够促使事物健康发展，如果错过了有利的时机，往往会让自己的努力付诸东流。造成"一招不慎，满盘皆输"的局面。因此，想要获取成功，就必须善于审时度势，捕捉时机，把握"关节"，恰到"火候"，赢得时机。

3. 要善于处理两类时间。

对于一个闯出些名堂，或有一定地位的人来说，他的时间可分为两类。一类是属于自己控制的时间，自己能够自由支配，称之为"自由时间"，这类时间可以由着自己的性子随心所欲地去做事；另一类是自己不能随意支配，甚至有些被动，不能在这类时间内做自己的事情，这似乎是一种无奈，这类时间称之为"应对时间"。但不管是哪类时间，自己都应该能够应对自如，让自己在游刃有余中利用好这两类时间。

4. 要善于利用零碎时间。

每个人的生命中，都会有许许多多的零碎时间。在自己的生命中，这类时间也是重要的组成部分。我们所能做的，就是要珍惜并充分利用这些看似不起眼的零碎时间，把它们整合起来，做一些有意义的事情。只有这样，才能把时间利用得更充分、更有效，才能在有效的时间内，最大限度地提高自己的工作效率。

5. 要善于运用会议时间。

现在，不管是一家公司，还是一个团体，开会是经常的事，有的会是为了沟通信息，有的会是为了讨论问题，有的会是为了做个总结，有的会是为了分配任务，但不管什么样的会，都要控制好时间，不要把时间浪费在开会上。如果会议时间运用得好，可以提高工作效率，节约大家的时间；运用得不好，反而会降低工作效率，浪费大家的时间。

在这样一个高效的社会，珍惜时间尤为重要。在工作中，如果丧失一分钟的时间，工厂就可能倒闭破产。正如美国汽车大王福特二世所说的那样："企业成功与高速度之间的关系，比起与任何其他几个因素之间的关系来都要密切。"

我们每个生活在当代的人，都应该在时间运用上运筹帷幄，精心安排，合理利用，学会珍惜时间、善用时间。只有这样，我们才能在激烈的竞争中立于不败之地。

不要浪费时间

不浪费时间，最需要懂得的一点就是：不值得做的事，千万不要做。

那些不值得去做的事，往往会浪费你大量时间，让宝贵的时间从你身边白白溜走，让你空虚而寂寞地长叹时间不够用。因此，不要做那些既浪费时间又毫无用处的事。

在这之前，你需要更清楚地明白到底为什么不要做那些不值得做的事，针对这一点，可以从以下4个方面加以证明：

1. 不值得做的事情，往往会让你错误地认为，自己已经完成了某些很重要的事。就像某些人那样，他们喜欢炫耀性地在自己的简历上写一些根本没有人听过的论文，或是一些没有人知道的虚假的成绩，这种人只会做这种不值得做的事，并因此而沾沾自喜。

2. 不值得做的事情会消磨你的精力，浪费你的时间。因为当你把精力和时间用在一件事情上时，就不能再做其他事情了，而不值得做的事所用的每一项资源都可以被用在其他有用的事情上。

3. 不值得做的事会让自己习以为常，把错误当成真理。社会学家韦伯说：一项活动的单纯规律性会逐渐演变为必然性。如果你坚持做那些不值得做的事，一段时间之后，你会对别人说："我们不应该让它消失，我们已经做这么久了。"许多机构、刊物或活动根本就不该存在，其仍能持续存在的原因只是大家已经习惯，有了认同感，如果让它们消失的话，会有罪恶感。

4. 不值得做的事还会让你着迷。当你做了一些不值得做的事之后，会着了迷，误入歧途。你就需要组织一个委员会来监督，还需要小组委员会、管理人员、手册、指导原则，甚至每年开设训练营学习如何将不值得做的事做得更好。而这些浪费人力和物力的事，你却丝毫感觉不到它的不妥。

如果有可能选择的话，不要做那些不值得做的事，因为它会浪费你大量的时间。但是，如果你能找到自己的方向，找到正确的事，就一定要坚持地做好它，不能中途放弃。

1922年的冬天，卡特几乎放弃了可以找到年轻法老王墓的希望，他的赞助者即将取消赞助。卡特在自传中写道："这将是我们待在山谷中的最后一季，我们已经挖掘了整整六季了，春去秋来毫无所获。我们一鼓作气工作了好几个月却没有发现什么，只有挖掘者才能体会这种彻底的绝望感：我们几乎已经认定自己被打败了，正准备离开山谷到别的地方碰碰运气。然而，要不是我们最后垂死的努力一锤，我们永远也不会发现这远超出我们梦想所及的宝藏。"霍华德·卡特最后垂死的努力成了全世界的头条新闻，他发现了近代唯一一个完整出土的法老王墓。

其实，最浪费时间的一件事就是太早地宣布放弃。许多人在做了90%的工作后，却放弃了最后可以让他们成功的10%的工作，这不但会让自己失去激情，更丧失了经由最后的努力而发现"宝藏"的喜悦。很多时候，人们会开始一个新工作，学习一项新技艺，在成果出来之前，有一个十分艰难的奋斗期。通常，任何新工作都有一段你懂得比周围人少的困难阶段。刚开始每件事情都要挣扎，但是过了一段时间，最初有压力的工作就会变得轻而易举了。你可能记得尝试学另一种语言的情况。如果你学了几个月就放弃，你学的多半远不够让你运用自如；但只要再多过几个月或几年，你也许就可以用新学的语言开口谈话、看书、看报纸了。

人们有许多时候，常常会在跨过枯燥与喜悦、失败与成功的重要关卡之前就放弃了。这是一件令人痛心的事。

但是，这里说的不放弃，并不是固执地坚持，而是懂得坚持自己该坚持的东西，对于那些穷尽一生之力都难以达到的事，要懂得适时地知难而退。因为，对于那些不可能实现的事，愚蠢的坚持是毫无意义的。

诺贝尔化学奖得主，美国著名科学家莱纳斯·波林说："一个好的研究者知道应该发挥哪些构想，而哪些构想应该丢弃，否则，会浪费很多时间在差劲的构想上。"你迟早会发现自己处于一种需要知难而退的情况下，你所走的研究路线也许只是条死胡同，是否应该再多做一次实验呢？你已经投注了大量的时间与精力在一个交易或关系上，尽管尽了最大的努力，情况还是愈来愈糟。你已经尝试过了，但是除了借口和更多的承诺外，你的努力没有任何结果。你已经一再讨论、谈判、妥协了，但是这似乎注定要走下坡路。

下面的几个问题，可以帮助你确定什么时候应该坚持、什么时候应该放弃、什么时候应该尝试、什么时候应该知难而退。

1. 你可以取得更多的信息吗？

当你在做一件事的时候，要了解一下你能不能寻求到更多的信息，学会更多的知识。如果你能够在这件事情上获取更多的信息，并且它具有可行性的话，你就可以努力去尝试，把事情做好。否则，做了也是浪费时间。

2. 是否有无法克服的障碍？

有许多事情，它的出现就是带有"死结"的。所谓的"死结"，就是无法克服的障碍。当你在做某件事时，看一看你所做的这件事有没有无法克服的障碍，或是无法逾越的鸿沟。如果有，你就要重新考虑一下要不要做这件事。如果困难是能够解决的，需要的仅仅是花费一些力气，那你则可以鼓起勇气，把困难一举攻克。

3. 可能收到多少回报？

你能从这件事情上得到多少回报，这也是一件十分重要的事。如果你是寻找消失的法老王墓的霍华德·卡特，因为潜在的回收率相当大，你可以花上好几年的时间。然而，如果你是一家企业的普通业务员，业务提成十分有限，你就负担不起花好几个小时在一个最多只能创造几十块钱利润的准客户身上。

4. 你的本钱有多少？

如果你的本钱不多，那就要选择性地做事情，不要过于贪婪。比如，某家公司有本钱可以承担上百万美元研究光纤电缆与数年后才赚到第一桶金，虽然最后的回收利益很大，但是他们却等了相当长的时间。你也许有一个伟大的构想，可是对你而言却必须耗费太多资源才能开花结果，不妨找一个合作伙伴、卖掉，或是干脆放弃。

5.有没有暗盘？

有些东西是有玄机的，你操作这些事情的成功率是极低的。可是，如果你每年有无数的时间都浪费在一些所有参与者都不可能成功的事情、计划、比赛上，那就得不偿失了。假如你怀疑某件事情有暗盘、有人动手脚，那该怎么办？尽可能地查明真相，别妄下论断。如果确实是有暗盘，那你要尽可能地远离这件事情。

因此，自己要明白自己应该干什么，需要干什么，而不至于把时间浪费在无谓的事情上。

浪费时间有多种多样的表现，除上述之外，做事拖拉也会浪费你大量的时间。做事拖拉的人，往往顾虑太多，或者行动缓慢，喜欢找借口推托，这样也会使大量的时间被无情地浪费掉，这种人用下面几个办法可以让自己改掉拖拉的毛病：

1.确定一件事情是否非做不可。

如果某件事情看上去并不是很重要，那做起来就会拖拖拉拉。这需要我们对事情有一个判断，如果事情确实没有必要做，那就干脆不要做了，而不是拖延然后又后悔。如果事情确实有做的必要，那就尽心尽力把它做好。

2.把任务委托给其他人。

有时候，你要做的事情并不是你所喜欢的，你十分不愿意做又不得不做。这个时候，可以把事情委托给一个比你更适合做，也更乐意做这件事的人。这样，他就会竭尽全力把事情做好，而你也不必为难。最终的结果，你和他都成了赢家。

3.弄清楚有什么好处以后行动起来。

许多人常常是因为看不到做某件事情的好处，而十分不情愿地拖拖拉拉。如果能够在做这件事之前，弄清做好之后会得到哪些收获，那做起事来就会十分情愿又十分高效了。

4. 养成好习惯。

拖拉是一种习惯，更是一种毛病。许多人一旦有了这种习惯之后，就会消极地看待一切，消极地工作。如果你有这个毛病，你就要重新训练自己，用好习惯来取代拖拉的坏习惯。每当你发现自己又有拖拉的倾向时，静下心来想一想，确定你的行动方向，然后定出一个最后期限，努力遵守。渐渐地，你的工作模式就会发生变化。

不要让别人浪费你的时间

成功人士往往会拒绝与浪费时间的人交往，或者干脆避开这些人。因为在他们心中，自己的时间很重要，别人的时间也很重要。如果对方并不是个喜欢珍惜时间的人，就想办法拒绝与他交往。一个真正珍惜时间的人，也绝对不会让别人浪费自己的时间。

如果你是一个珍惜时间的人，就要当心别人把一种叫作"猴子"的责任当作宠物放到你手里。若是你的领导或同事把"猴子"放到你身上，你可得小心了。因为照顾"猴子"是非常消耗时间的，这些"猴子"虽说是可爱的小动物，但它们却没有规矩，乱发脾气，对你而言，这并不是一件什么好事。因此，不要接手别人丢给你的任何"猴子"，如果有人非得把"猴子"丢到你这里，你也接受了，那你的生活就会变成一场噩梦。许多聪明的人，常常要花很长时间去处理别人丢在自己这里的"猴子"。

但是，大多数职员却不会随便拿别人丢给他们的"猴子"

別输在时间管理上

开玩笑，顶多他们可能会抱怨，会对同事说："有一只猴子在我背上，我快要受不了了，你可以帮帮忙吗？"他们虽然讨厌这些"猴子"，但他们却能把握好分寸。

如果现在真的有"猴子"正骑在你的身上，你会怎么办呢？对此，时间专家的建议是：虽然这个世界上到处都是"猴子"，但你所能做的，只是挑选出一只你真正关心的即可。

如果有可能的话，最好能够让别人照顾他们自己的"猴子"，如果他们自己根本不打算处理，你就不应该试图解决别人的问题。只要你确定帮忙结束后他们会自己照顾"猴子"，偶尔伸出援手并没有什么不好。

如果你是公司的管理者，可以把"猴子"指派给公司里那些能干的人，让他们去想办法解决。衡量一个经理人成功与否的标准，就是要看他们如何给下属部署任务。"猴子"管理专家说："你所拥有的时间，永远都不够应付那些争相引起你注意的'猴子'。如果你让每只'猴子'都爬到你背上，不但对你不好，对'猴子'也不好。接手不合适的'猴子'可能表示合适的'猴子'会因为缺乏关注而憔悴，但是如果你说服别人照顾自己的'猴子'，并适时给予应有的关爱与注意，这样，'猴子'可能会变成非常可爱的宠物，并且带来喜悦甚至肯定。"

但要引起注意的是，如果你是公司的管理者，你也应该让部下不会害怕把他们的问题告诉你，许多公司就是因为部下不敢让主管知道坏消息而陷入困境的。你所要做的就是鼓励部下放心地将坏消息说出来，但是一定要附带解决的提议。

处理好生命中遇到的"猴子"，就能够尽可能地避免浪费自己的时间，也可以避免浪费别人的时间。

正如那些优秀的时间管理专家们，他们会在生活中尽量避免浪费时间的会议以及拒绝出席各种各样的社交活动。但是，如果是重要的会议，或是不可避免的社交活动，他们会尽量想办法让自己忍受。如果你的朋友请你接手一个项目，但此时正巧你的工作已排得满满的，或是你对这个项目没有任何兴趣；你可能会左右为难，但是那些时间管理专家则会很直接地告诉对方："对不起，我现在很忙，实在没有时间帮你。"

对于这个问题，著名成功学大师拿破仑·希尔曾列举了一封非常好的婉拒信做例子，这封信是亚洲一家非常著名的出版社的编辑婉拒一位知名作家的，信的内容是：

"我们满怀欣喜地拜读了你的大作。但是，如果我们出版你的书，我们就再也没有办法出版任何水准较低的书了。而且，我们很难想象在未来的千百年内，我们会再看到足可媲美的书。致上我们至深的歉意，我们不得不退还你非比寻常的大作，而且请你千万千万宽恕我们的肤浅与胆怯。"

这是一个非常有趣的故事，编辑的言辞之间所流露出来的意思却令人深思。在工作中，你也要学会对你的上司说"不"。一个好的经理人，他们希望知道你什么时候能完成他交给你的任务。一个有效的表达技巧是表达你对于必须搁置他的要求事项感到忧虑，你应该以轻重缓急的方式来措辞，例如使用下面的说法："我正在写一份我们讨论过的报告，我也很想去参加那个会议，你觉得哪一个比较好？"

如果你这样说，你的上司就明白你的意图了，不会强求于你。

在日常生活和工作中，如果你手头时间很紧，但此刻又有一个拜访者喋喋不休，你肯定不好意思让人家直接离开，但有些人却会毫不留情地说："我没有时间，你先回去吧，再见！"然后，自己又去忙着自己的事情。

有一次，拿破仑·希尔想去拜访沃勒，打电话给他，告诉对方说自己想要在假期的前一天见到他。但是，沃勒第一句话就是告诉拿破仑·希尔："我最近非常忙，但我会给你五分钟的时间，你有什么事情就说吧！"拿破仑·希尔听了之后，便尽量用最简短的话来说明自己的一些看法，但还是超过了几秒钟，当希尔正准备说下一句的时候，沃勒插嘴了："对不起，博士先生，你的五分钟已经到了。我很尊敬你，但是我必须要挂掉电话了，祝你快乐！"然后，沃勒挂断了电话。拿破仑·希尔无奈地摇摇头，苦笑一声，但心中不得不佩服沃勒的直爽。

我们每个人都会遇到这种情况，不同的是，我们不好意思直接开口拒绝对方，这正是我们和成功人士的最大差别。

拒绝无理请求，珍惜自己的时间

要实现为自己争取时间、赢得时间，就必须学会拒绝那些不合理的请求。比如自己正在工作时，领导拜托自己去做一件不重要的事情，或是同事让自己帮助他在网上订一张星期天的电影票等，如果答应了对方的拜托，就会耽误自己的时间。

在工作中，所面临的请求一般来自部属、领导、同级管理者或是组织以外的人士。在很多请求中，有一类属职务范围而责无旁贷的；另一类虽然也是职务范围，但请求的事情却是不合时宜或是不合情理的；还有一类则是无义务履行的请求。经常困扰人们的是后两类请求。虽然大家都知道接受不合理的请求会耽误自己的宝贵时间，但是，有的人还是不好意思拒绝他人。之所以出现这些现象，一般是由于以下原因：

1. 接受请求比拒绝请求容易做到。

2. 担心拒绝请求后因触怒拜托者而导致请求者的报复，或是破坏了原本和谐的人际关系。

3. 不了解拒绝他人请求的积极意义。

4.不懂得如何拒绝他人的请求。

不可否认，拒绝别人的请求有可能引起对方的不愉快，并可能触怒拜托者。但是不应该因为有这种担心而来者不拒，要知道并非所有的拒绝都会导致不愉快的结果，如果学会拒绝请求的技巧，就能够在一定程度内避免或消除以上的疑虑。

那么，如何巧妙地拒绝别人的请求呢？

一是在对方提出请求时，要耐心倾听对方提出的要求。如果在对方说了一半时已经知道非得拒绝对方不可，但还是要认真听完对方说的话。这样做是为了表示对拜托者的尊重，同时要向对方表明自己对事不对人。

二是如果无法当场决定是接受还是拒绝，就要直接告诉对方自己还需要考虑一下，并确切告知对方自己所需要考虑的时间，这样就可以消除对方误以为自己是在以考虑做挡箭牌。

三是拒绝接受请求时，态度要真诚，要略表歉意，但说话不能拖泥带水，这样既让拜托者感受到自己是真的无能为力，同时，又让对方不再有继续说服自己的念头。

四是不要通过第三者拒绝别人的请求，如果通过第三者拒绝请求，对方会认为自己不够诚挚，是在敷衍对方。

小高是某 IT 公司的部门主管，他的直接领导经常把很多工作都交给他，让他去帮助自己处理，但小高自己也有很多工作要做，而且这些工作中有很大一部分也是经理交给他的。为了不让经理的请求打扰自己安排好的工作顺序，一次，在经理再让他做某件事情时，小高就将已有的许多工作，按轻重缓急次序向经理汇报说："这些是我目前在做的和即将要做的工作，都很重要，您现在交给我的工作应该排在这个次序中第几位呢？"

经理看了看小高安排的工作表，不好意思再给他加任务了，就主动说："哦，你这些事情也很重要，这件事情我自己处理好了。"

可见，小高这种拒绝请求的方法相当高明，这种方法有3个好处：其一，让领导做主裁决，表示对领导的尊重。其二，原有工作已排满，再加新的工作任务，原有的工作任务将无法按原计划完成，除非新的工作任务更重要，否则领导就必须撤销它或找他人代理。其三，下属如果采取这种拒绝方式，就可避免领导误以为下属在推卸责任。因此，这是一种比较有效的拒绝请求的方法。

巧妙排除下属的打扰

在浪费时间的各种因素中，下属干扰就是其中的一个因素，如果处理得当，这种干扰因素完全可以排除。

老武是某公司经理。一次，他正忙得不可开交，一名女职员突然要求请两小时的假，因为家具店将送一批家具到这名女职员家里，她必须回家开门并验收。老武听了这位女职员请假的理由后，没有立即准假，他真诚地对女职员说："我清楚买贵重家具一定要亲自验收，只要有可能，我会准假的。但问题是，公司产品必须在下班之前交货，如果无法按约定时间交货，我们将失去一位大客户。这个项目恰恰又是你负责的，所以你今天不宜请假。不过，我有个建议，你可以打电话给家具店，请他们明天上午送家具，到那时我们已经交了货，而你也有足够的时间在家处理私事。"女职员听后，觉得老武说得很有道理，就按照他说的去做了。

如果其他管理者也能像武经理这样，在工作中注意以下细节，就能够有效防止下属打扰。

1.每天抽出一定时间，专门解决下属提出的各种问题。这个时间最好要固定下来并形成制度，如果领导临时有急事，就要及时通知大家。

2.对下属明确分工，让他们做好自己分内的事情。

3.对下属的请示，要立即给予肯定或否定的答复。

4.明确下属的各种责任或权限，让他们有更多的责任感。

5.要想提高下属的工作效率，领导就要身体力行，果断决定，今天的事今天处理完毕，不要让下属觉得必须催促领导，领导才处理。

做到以上几条就可以在一定程度上排除来自下属的打扰，此外，如果不愿意下属打扰自己，自己就不要随意打扰下属。领导和下属都各自科学安排好时间，在有限的时间内，最大限度地干好各自职责范围内的事，以保证企业整体工作效率的不断提高。

快速处理电子邮件

现在，电子邮件已成为现代办公的重要工具，在足不出户的情况下，能与外地或是本地客户、朋友等交流、传递文件和书稿等，节省了不少时间。但是，垃圾电子邮件的出现，却耗费了很多宝贵时间。为了节省自己和别人的时间，要从以下几方面入手，少写垃圾电子邮件：

1.撰写电子邮件一定要认真。虽然电子邮件没有传统书信那么多格式、称谓等要求，但是，在撰写电子邮件时，态度一定要认真，书写的语言要流畅，不要写错别字、生僻字，内容要简洁，条理要清楚。

2.邮件的标题要具有概括性。标题是一封电子邮件的标志，大多数网络使用者会先看标题再决定是否打开邮件继续详读内容，所以邮件标题应尽量写得具有概括性，让人一看就知道邮件的主要内容，便于对方快速了解邮件内容。如写销售策划书，在标题上要写明"销售策划方案"几个字，让对方打开邮箱看到标题就知道是重要邮件，就会迅速处理这封电子邮件，对销售策划方案提出具体处理意见。这既不耽误对方的时间，也不耽误自己的工作。

3.收件人要准确。在发送电子邮件之前，必须确认收信人是否准确，检查对方的邮箱地址是否正确。如果要转发给相关人员，可以使用"抄送"功能，但要限制人数，不要随便发给不相干的人。如果邮件有多个附件，每个附件也都要注明标题。在发送时要分清哪些是发给上级的，哪些是发给同事的，平时就应该把他们的邮箱地址整理好，这样发送时就快多了。

4.定时收发电子邮件。为了最大限度地节省时间，上班族最好每天定时查看电子邮箱，除非有非常重要的工作，需要随时查阅电子邮箱邮件，否则不要动不动就去看看有没有新邮件。也不宜用"来信通知"这种功能，它会经常干扰、中断自己的工作，工作效率会因此而受影响。

5.马上处理邮件。当看完一封电子邮件后，要立刻处理，不要拖着不处理，否则会越集越多，最后处理起来也麻烦。

6.使用邮件的标签以及过滤功能。很多计算机都有邮件标签以及过滤功能。善用这些功能，一方面能更有条理地管理邮件，另一方面今后查找邮件会更加方便，减少无谓的时间浪费。

7.为私人信件设置一个单独的电子邮箱地址。告诉那些非业务联系人如朋友、同学等使用这个邮箱地址，这样就可以在家或中午休息时间查看这些私人邮件，避免耽误工作时间。

8.告诉所有发电子邮件的人，让他们知道自己所需要的信息，经过一两个星期，那些没有价值的电子邮件就不会进入自己的电子邮箱，自己也就不会因为看那些无关的电子邮件而耽误时间了。

有效利用通勤时间

随着工业的不断发展和城市建设的日趋完善，人们的居住区和工作区逐渐分开，甚至有的人居住地和上班地不在同一个城市，从居住地到工作单位就需要借助于汽车或火车才能到达，因此出现了通勤族，通勤族每天要有很多时间消耗在往返于居住地与工作单位之间的路途上。

黑川康正是日本著名学者，他在自己所著的书中，有一段关于通勤时间的运用，他详细描述了通勤的心情："一般上班族一早出门，常因塞车搞得气急败坏，既费时，又影响工作情绪。因此，倘若上班地点不远，不妨安步当车；否则，就该为自己拟定一个方案，充分掌握这段通勤时间。"

黑川康正经营"黑川国际法律会计事务所"，他的家离最近的车站不到10分钟，所以以步行是每天的习惯。但是上车之后，需两个小时才能抵达办公室，所以他大力倡导"时差通勤法"，也就是避开高峰塞车时间，比平常早一个小时出门。

出门之后，一般人都会选择到达目的地时间最短的路线。但是，黑川康正却认为，如果充分利用在车上的时间，其造成的正面效果可能会更好。例如，最近一站的前一站如果是起点站，他就会走到起点站，上车后就能有位子可坐，可以坐着看书、学习，这样在车上的时间就变得有价值了。另外，他认为应该在人少的车站换乘车，这样也能节省时间，比如改在前一站或小站换车。最后，为了方便，应该购买长期乘车卡，自己最好制作一份通勤时刻表，这样更符合个人需要。

上车后他一般选择汽车联结器旁边的角落，即使没有座位，背靠门站着也能看报纸之类的信息。

因为在车上要写点东西，黑川康正经常把笔记本电脑当作垫板使用。事实上，黑川康正的许多著作都是在通勤路上完成的。他写文章分为三步进行：第一步，搭车时遇有座位，立即取出文具和笔记本；第二步将所有想到的事情一字不漏地写下来，下车后再整理；第三步，一边走、一边用录音机将脑海中浮现的文字通过语言录下来；抵达事务所后交给秘书打字，在下班的路途中再润饰、修改。

为了避免太过专注而耽误了下车，黑川康正一般事先将手表的闹铃设置在该下车时刻的前几分钟，这样即使打个瞌睡，也可以安心。戴手表时，他喜欢将表面挪向手腕的内侧，抬头一瞥就可以知道时间。这样在与客户洽谈事情时，也不至于因看时间而引起不必要的尴尬。

黑川康正的经验值得借鉴，不管是乘公交车还是坐地铁，或是乘出租车，都不应该把时间浪费在闲谈、无所事事上。只要充分利用通勤时间，就能比别人更容易获得事业上的成功。

现实生活中的上班族，采用以下方法同样可以充分利用通勤时间。

1. 可在车上考虑一天的工作计划，总结一天的生活安排。如果已经制定好工作日常表，可以对日程稍作修改；如果在晚上回家的路上，可以总结当天的工作，看看还有哪些未完成的事情，并且考虑晚上是安排学习还是休闲放松。

2. 记录下自己的灵感。如果想写点东西，不妨拿出纸笔（这些东西一定是随身携带的），把自己的思路和要点记下来，等有空的时候再整理。无论是音乐家还是 IT 程序员，这种突然的灵感往往会产生意想不到的价值。

3. 考虑晚上买什么菜，做什么饭。与其回到家里现想吃什么好，还不如在路上就考虑清楚，回到家马上动手。想好这件事情，至少能在需要买菜的时候可以及时去买菜，否则到家之后，看着空空的冰箱，而肚子又很饿，这种滋味实在不好受。所以，事先想好下车后先买菜再回家，就不会出现饿着肚子在家里抱怨冰箱里空空如也的情况了。

改变观念，正确利用时间

一个人对时间的重要性有怎样的认识，就会用怎样的态度利用时间。如果他对时间重要性的认识是科学的，他利用时间的方法也就科学、合理；如果他对时间重要性的认识不正确，他对时间的利用也不可能是科学、合理的。时间管理专家认为，每个人在不同的环境、不同的年龄、不同的心情下，对时间重要性的认识也不相同，甚至有的看法之间是相互矛盾的。以职业人士为例，当他们需要处理的事情太多时，就会强烈地感到"时间不够"，反之，当他们没有什么任务时，又感到"不知如何消磨时间"。由此可知，大多数人对时间重要性的认识是主观的、浅显的。在这些认识中，有 4 种认识不利于时间的有效运用。

1. 视时间为主宰。

视时间为主宰的人，习惯将一切事情成败的责任归因于时间，深信事情成败取决于时间，时间是最好的试金石。

在生活和工作中，视时间为主宰的人有一个很明显的特征，就是重形式而不重实质。他们思维不活跃，喜欢按固定的时间办事而不愿稍作变动。如在下班时,虽然下一趟车不拥挤有座位,但总习惯挤上刚到站的那趟拥挤不堪的车,哪怕在车上挤着、站着什么也干不了也无所谓。

在工作中,有些人习惯以时间为行为准则而忽视其他一切。例如长途电话通话时间一超过 3 分钟,就会感到不安,尽管增加的通话时间可以节省几天的旅途奔波或是代替冗长的会议。

一般情况下,视时间为主宰的人不懂得随机"选择",因为他们只愿听从时间的指挥。他们的缺点很明显,即无条件地向时间屈服,因此不能善用时间,使工作和生活变得单调而没有色彩。

2. 视时间为敌人。

对于那些在职场上视时间为敌人的人,他们平时在工作中重速率而不重效率。速率是指速度快慢;效率是指单位时间内完成的工作量。重视速率的人,干工作只追求速度和时间,而不考虑效果;重视效率的人,干工作既追求速度和时间,也追求达到的效果。只追求速率而不重视效率的人有以下特征:

(1)经常给自己设定难以达到的时限,总想"打破纪录"或"刷新纪录"。如开车上班时,喜欢抄近道、找捷径,不管是否违反交通规则。

(2)在任何设定时间的场合,会因早到而感到"自豪"、因迟到而感到"沮丧"。但是,这种"自豪"或"沮丧"感觉,是针对时间早晚而言,而并非针对时间早晚所导致的后果而言。

在经营企业的过程中,速率与效率不应偏废,但这并不意味着速率与效率具有同样的重要性。我们应首先着眼于提高速率,然后再设法提高效率。

3. 视时间为神秘物。

视时间为神秘物的人,囿于时间所加给的限制。这种人对时间的态度,与他们对待自己身体的态度非常相似,除非等到他们身上的某一器官出毛病,他们才会意识到这个器官存在的必要性。同样道理，除非等到他们对时间的使用受到限制，他们才会意识到时间的重要性。

视时间为神秘物的人因重视时间所给予的各种限制，大多数人都能专心致志地工作，这也是一件好事，不过，时间对绝大多数人来说都是吝啬的，如果没有真正了解这种吝啬的内涵，将无法适当地做好时间调配。

4. 视时间为奴隶。

视时间为奴隶的人，习惯长时间沉溺于工作，他们最在意的是如何管理时间。在工作中的具体体现就是长时间地沉迷于工作，成为所谓的"工作狂"。

调查统计显示，每周工作时间超过 55 小时，甚至 60 小时的管理者大有人在。但是，这些长时间工作的人大多数都没有意识到自己工作时间过长，只有等到心脏病突发、家庭不和睦等情况出现时，才意识到自己的工作时间过长。

偶尔一次的长时间工作一般不会产生不良后果，但是经常性的长时间工作则会产生后患，以下几种情况就需要警惕：

（1）每天工作时间超过 8 小时，生产效率将快速递减。每周工作时间最好不要超过 48 小时（按 6 个工作日计算）。

（2）长时间工作的人容易养成拖延的习惯。许多职业人士对工作抱着"白天做不完，夜晚还可以做；平时做不完，周末或周日还可以做"的态度，8 小时可以做好的事被拖延到 10 小时才完成，5 天可以做好的事被拖延到 6 天才完成，这就应验了著名的"帕金森定律"。要做到规定完成工作任务的时间为 8 小时，则工作任务必须在 8 小时内完成；如规定完成工作任务的时间为 10 小时，则工作任务必须在 10 小时内完成。

（3）长时间工作可能会导致工作失败。管理学家约瑟夫·崔凯特曾经对一些管理者在事业上的成败进行研究，结果表明：成功的管理者与失败的管理者差别在于后者随时愿意为工作而牺牲家庭。即忽视家庭而过度强调工作的管理者，其工作终究会不佳。长时间工作所导致的不良后果足以说明，为什么一些企业会强迫员工定期休假、限制加班次数或加班时数、不允许累积假期。

在此，有必要记住一位哲人对时间的定义：昨天是一张已被注销的支票，明天是一张尚未到期的本票，今天则是随时可运用的现金。

学会计算时间成本

有这样一个与时间有关的小故事：

在富兰克林报社前面的书店里，一位犹豫了将近一个小时的年轻人终于开口问店员："这本书多少钱？"

"2美元。"售货员回答。

"2美元？"年轻人又问，"你能不能少要点？"

"它的价格就是2美元。"售货员没有别的回答。这位顾客又看了一会儿，然后问："富兰克林先生在吗？"

"在，"售货员回答，"他在印刷室忙着呢。"

"那好，我要见见他。"这位年轻人坚持要见富兰克林。于是，富兰克林从工作间出来了。

年轻人问："富兰克林先生，这本书你能卖出的最低价格是多少？"

"2美元25美分。"富兰克林不假思索地回答。

"2美元25美分？你的店员刚才还说2美元呢！"

"这没错，"富兰克林说，"但是，我情愿卖给你2美元也不愿意离开我的工作。"

年轻人惊异了。他心想，算了，结束这场自己引起的谈判吧，他说："好，这样，你说这本书最少要多少钱吧？"

"2美元50美分。"

"又变成2美元50美分？你刚才不还说2美元25美分吗？"

"对，"富兰克林冷冷地说，"我现在能出的最低价钱就是2美元50美分。"年轻人默默地把钱放到柜台上，拿起书走了。

这位著名的科学家和政治家给这位年轻人上了终生难忘的一课：时间就是金钱，所以，无论如何都应该珍惜时间。

纽约大学经济学教授伍尔夫曾经为比尔·盖茨算了一笔账，从2005年1月到6月，盖茨的资产增加了160亿美元，相当于每秒有2500美元的进账。这就意味着即使他看见一万美元的钞票，他都不应该弯腰去捡，因为那会花掉他5秒钟。如果要他去数钞票，也是浪费时间，因为他赚钱的速度是每秒钟2500美元，所以必须数1000元面额的钞票，同时数钱技术还要非常熟练，否则数钱的速度跟不上他赚钱的速度。

时间是一种成本，一个人的行为将决定这个人能获得多少回报，因此每个人都应该清楚自己的时间成本，这样就能为自己树立追求的目标，不断改善时间管理的方法。

你知道自己的时间成本是多少吗？换言之，你了解自己每个小时的价值是多少吗？要想知道这一答案并不难，因为自己就可以计算出自己的时间成本。

如果是某单位职员，可以把自己的工资、奖金等收入加起来，除以工作时间，就能求出每小时的时间成本。不过，因为要维持平衡，就必须加上一定的利润比例，这样才能计算出自己每小时应该创造出多少价值。这也是自己的时间应该具有的价值，如果低于这一数字，自己的工作就只是消耗，而没有创造。

要想创造出更多的价值，就必须使自己的时间增值，这样自己在获得更多自由时间的同时，也能够获得更多的回报。

第六章

自动自发：主动做好每一件该做的事情

对于我们自己的事情，我们应该自动自发地去做，只有这样我们才能将每一件事情做好。如果一味地拖延，等到来不及的时候再做，我们只能仓促地完成它，而不可能出色地完成它。

分清什么是最应该做的工作

我们经常会在写字楼、车站、餐厅甚至是家庭的餐桌旁听到如下话题：

"我今天有个客户还没有去拜访呢，他可是一个重要的客户，等我想去拜访他时，下班时间已经到了。"

"已经有一个礼拜的衣服没有洗了。"

"我那份财务报表还没有完成呢，经理明天就要。"

为什么有这么多的人，在下班后还在唠叨自己的工作没有完成？其中最主要的原因就是他们在上班的时间内，没有分清楚自己该做什么，不该做什么，哪些事情可以让下属去做。

对于每个人来说，能否合理安排好自己的工作时间，其工作效率是不一样的，时间安排得合理，事半功倍；反之，则事倍功半。

有位经理总是显得很忙碌，他把很多时间用于行政管理，而不是为客户服务，虽然这样做也是对工作负责任，可这恰恰说明他的管理方式有问题，他每天都把自己弄得疲惫不堪，而且每天的工作都无法完成，工作拖了一大堆。

显然，这位经理很辛苦，他付出了很多劳动，却没有什么成绩。因此他应该自问："什么是我应该干的事情？""我是否应该让他人代理一些工作？""如果我把各项工作事先做出计划安排，这些紧急事情就不会被耽误。"

另外一位经理是位高效率的经理。他把通信发函的事留给秘书去做，自己则亲自通过电话处理重要问题；他的会议计划安排得很满，自己只参加关键会议；他可以同时参加两个会议，而且没有疏漏；他非常熟悉自己的客户和供货商，他有足够的时间了解他们；他还有时间阅读各种文件，以充分掌握本行业的行情；他不是仅仅讨论问题，还要解决问题。他似乎有用不完的时间。

可见，分清楚自己应该做什么，不应该做什么，就不会把宝贵的时间耗费在不重要的事情上，从而能够做到轻松工作、享受休息、享受生活。

勇于直面 A 级任务。很多人在遇到 A 级任务后，由于该任务比较艰巨或者需要花费太多的时间才能完成，因此心生犹豫，瞻前顾后，左右摇摆，不知道该不该接受这个任务。对于 A 级任务，慎重考虑是必要的，但如果一味谨慎，前怕狼后怕虎，迟迟不敢动手去做，这是一种非常可悲的态度。正如威廉·沃特说："如果一个人永远徘徊于两件事之间，对自己先做哪一件事犹豫不决，他将会一件事情都做不成；如果一个人原本做了决定，但在听到自己朋友的反对意见时犹豫动摇、举棋不定，像风标一样摇摆，每一阵微风都会影响他，那么，他在任何一件事上都只能是一事无成，无论是举足轻重的大事还是微不足道的小事，概莫能外。"

在 A 级任务面前犹豫不决的不仅有管理者，也有普通员工。在此，以某公司的管理者为例，说明直面 A 级任务的重要性。

上午 9 点钟，某公司的经理小段刚走进办公室，电话铃就响了，是一位重要客户的电话。在电话里，客户为一个产品的包装设计和他讨论了很长时间。放下电话后，秘书进来告诉他，市里某部门的领导突然来检查他们的工作。小段立即去了会客室。等送走这位领导，小段就想：本来今天工作日程表上的 A 级任务是制订下半年的生产计划，这是一项费时、费力的复杂工作。他看看手表，还有 10 分钟就到吃午饭的时间了。这时，秘书又送进来一摞日常事务文件，这些文件都需要亲自处理。

面对那一堆文件和自己原来确定的 A 级任务，他犹豫了，他不知道这 10 分钟是用来处理几份文件，还是安排一下 A 级任务，或者放弃这 10 分钟，直接去吃饭。

针对小段这种情况，时间管理专家认为，尽管用 10 分钟制订下半年生产计划根本不可能，但小段仍有必要花 10 分钟时间去做。如果他用这 10 分钟时间处理信件，从表面上看，似乎没有违反最大效率利用时间的原则，但小段根本没有整段时间制订下半年的生产计划。只好利用这少有的 10 分钟处理一些信件。小段这样想并且这样做，那他就是丢掉了真正的重要事务。

在工作中，如果习惯选择先做简单易行的工作，就永远没有完整的时间去做那些重要的工作。因此，当遇到 A 级任务时，不要犹豫，要敢于直面，并立即着手去做。否则，只会使 A 级任务拖延更长时间，以后处理起来更麻烦。

善于委派任务，为自己赢得时间

一位时间管理专家在一次给某大学总裁培训班培训时说："时间管理的关键是充分授权，及时把工作委派给他人，不要害怕对方说不，也不要害怕被对方拒绝。"可在很多企业里，一些领导人还是喜欢凡事亲力亲为。对于职业经理人来说，凡事亲力亲为说明他是个负责任的、勤奋的领导。但是，从其每项工作中所创造的价值来说，凡事亲力亲为的最大不足之处就是浪费了太多时间。事实上，一个优秀的领导只需要抓大的方向、目标、决策等，而对于回复商业信函、买机票、参加部门会议等事情完全可以通过授权来解决。

杰克·韦尔奇认为："如果一个管理者认为他的职务权力只能由他个人行使，那就没有一个人有能力胜任其工作。委托不只是在职责上分散权力，而且要让他人代替自己去执行具体任务，这样就能够为自己赢得更多的时间和充沛的精力，去做更重要的工作。"

尼西亚尔公司是英国一家规模较大的建筑公司。公司管理者威尔逊喜欢凡事都自己亲自去做，结果把自己弄得精疲力竭，工作却没有大的成效，更重要的是，公司管理一度出现混乱，威尔逊发现自己的时间永远不够用，没有一件事情处理得利索过。

后来，威尔逊意识到了问题之所在，他开始把一些事情委派给下属去做，这样做的结果是，威尔逊感觉到越来越轻松，他甚至有时间带着家人去度假了，而公司的经营形势越来越好，收入每年递增10%。可见，把工作委派给他人，其效果非常好。

要使委派产生最好的效果，就需要注意以下几个细节：

1. 要非常明确地告诉被委派者，需要他完成什么任务，完成任务需要多少时间，衡量该任务是否完成的指标是什么，这样被委派者就能清楚地知道自己要做的事情，要花多长时间才能完成。

2. 委派时，要让下属心怀责任感，要让他对完成任务有信心，觉得接受任务是光荣的，这样被委派者既乐意接受任务，也会尽心尽力地去完成。

3. 切忌把一些乏味的或是难度很大的工作委派给他人，而应该把那些下属愿意做、有兴趣做、也有能力去做的工作委派给他们。同时，不要把明显属于领导自己应该完成的任务交给他们，那样会给他们增加压力。

4. 委派时要有针对性。要了解下属，根据他们的特长、能力大小、拥有的时间多少、以前是否接受过该任务等来给他们安排工作，如果一个员工的工作已经很多，就不要再委派任务给这位员工，而应该寻找更合适的人；如果某位员工在他的岗位上才工作了几天，并且不完全熟悉该工作，也不要把委派的任务交给这位员工，因为他需要一个学习的过程，如果任务多了，就有可能影响该工作完成的时间和质量。

5. 委派时要把一个完整的项目交给某个员工，这样可以激励该员工努力工作，尽早完成委派任务。同时要随时同该员工保持联系，了解委派工作进度，如果对方遇到困难，要帮助他想办法解决。

6. 告诉员工在接受委派工作后，可以使用的资源有哪些，他的职权范围有多大，他应该达到的工作标准是什么。

7. 如果委派的工作任务需要一个团体共同完成，那么在分配任务时要明确每个人的职责和权利。

8. 委派任务后，应该进行适当的控制、监督和反馈。如在完成工作任务期间询问工作进度，了解任务的大概完成时间，如果在检查中发现工作时间延迟，要出面干涉，在为他们提供帮助的同时，也要提醒他们抓紧时间。

9. 委派任务完成后，要对员工的工作状况做一个评价，对于工作任务完成得出色的，要给以表彰和鼓励；对于工作状况一般的，也要帮助对方找出原因，并给予对方信任和鼓励。

当一个管理者学会了合理地把一些工作委派给下属时，他就有更多的时间去做最重要的事情，这样下属既得到了锻炼的机会，自己也能轻松地抓好管理工作。所以，善于委派他人也是节约时间，使工作效益最大化的方法之一。

列出一份工作清单

我们在孩提时代都有过这样的经历——在自己的书桌上或是文具盒里贴上一张课程表，根据这张课程表，就能在上课前把即将学习的那一门课程相关的课本、笔记本、作业本准备好，这样在上课铃响起时，就不至于手忙脚乱地去找相关的东西，而是能够从容地听老师讲课，一切都显得井然有序。

同样道理，在工作中也可以为自己列出一份清单，有了这份清单，每天的工作任务就能一目了然，自己就能清楚地看出一天中应该干什么，什么是重要的工作等。

工作清单可分为日、周、月工作清单。每日工作清单最简单，可以在台历上直接注明当天要做的事情：

1. 上午 9 点给重要客户打电话，询问合作事宜。

2. 9:30~10:30 处理重要文件；审定一份合同，查阅有关部门送来的报表。

3. 10:30~12:00 检查车间生产情况。

4. 13:00~14:00 参加厂务会议。

5. 15:00~16:00 接见同行来厂参观、学习。

6. 17:00 确定明天是否出差，如果出差，让秘书准备机票和其他事宜。

在此需要说明的是，列出工作清单最好是在头天晚上或是当天早晨，而且要养成习惯，这样清单才能起到帮助工作的作用。

在列清单的时候，要考虑很多因素，如清单上安排的任务能否在一天内完成？是不是把重要的工作任务列在了第一位？

清单上列出的工作不要太多，如果太多，就有可能无法完成。如果重要的工作任务没有放在第一位，也容易让一天的时间在杂事中被浪费掉。所以，列清单时一定要对自己有个清醒的认识。另外，要把那些不重要的事情排除在清单之外，不然就容易在这些琐事上花费时间。

每当完成一项工作任务时，就要在清单上把相应的那项工作任务划掉，这样处理容易给自己一种成就感，能促使自己更好更快地完成后面的工作。在结束一天的工作时，可以检查一下自己的工作清单，看看有多少工作任务完成了，还有多少没有完成。在没有完成的工作任务中，还有重要的事项吗？如果有，下次安排时一定要把重要的工作放在首位，同时，还要反省自己为什么没有完成，找出原因并吸取教训。

当然，工作清单毕竟是"死"的工具，而实际工作却呈现多样性，有时候会出现突发事件，打乱原来的计划安排，这就需要在罗列清单时，留一些机动时间，否则，当一些意外事情发生时，安排好的时间就会被打乱。

老李是一家销售公司的经理，他每天晚上都要列出第二天的工作清单。如4月13日的工作清单是这样安排的：

1.9:30 开公司销售主管会议。

2.10:40 接待一位重要客户。

3. 中午陪一位供货方的负责人吃饭。

4.14:00 和人事经理讨论招聘新员工的培训问题。

5.15:00 去公司所属的一个重要卖场现场调研。

第二天，会议刚开了一半，秘书接了个电话，急忙告诉老李："经理，很抱歉，这个电话很重要，必须得你亲自接电话处理。"老李只好中断会议，亲自去接电话。

原来，这个电话是一个卖场负责人打来的，他告诉老李，由老李公司提供的货物中有部分不合格，他认为老李公司没有按照合同供货，因此要求赔偿……

这的确是一件重要而且需要老李亲自去处理的事情，老李向秘书交代了一声，就去那家卖场。就这样，他一天的工作计划被彻底打乱了。

那么，在列出工作清单时，如何处理这样的突发事件呢？这就需要在罗列工作清单时留出一定的弹性，要把时间定得宽松一些，这样在发生意外事情时，既有充足的时间去处理，又不会打乱已经制订好的工作计划。

让"日常备忘录"成为好帮手

在一个家庭里，每个家庭主妇都很忙碌，她们要打扫卫生，要接送孩子上下学，要买菜做饭……在公司里，每个员工也都很忙碌，有时候一天要做好几件事情，公司负责人也大都是忙得不可开交。可以这样说，心智健全的人，几乎每一人都在忙碌地工作着，而在忙碌的过程中，由于神经高度紧张，不少人做事丢三落四，耽误了不少时间。为了让自己的工作有条理，使用"日常备忘录"是克服工作忙乱的有效方法。如家庭主妇可写上准备买什么菜，家里还缺什么日常用品等，这样去农贸市场的时候就可以一次性把所有需要的东西买齐。如果是职业人士，"日常备忘录"就更重要了。

遗憾的是，很多人不重视使用"日常备忘录"，认为它帮不上自己什么忙，或是过分相信自己的大脑。因此，他们常把自己一天或一周、一个月要做的事都装在脑子里，以为仅凭自己的记忆就能有条理地做好每一件事。可事实并非如此，有些事情做到一半出现了问题，就要花很多时间去分析、研究，以期找到解决问题的办法。如此一来，很容易忘掉下一步要做什么，或是忘记哪一件是最重要、最紧急的事情，以至于在接了一个电话后，却忘记了今天必须给已断货的销售柜台送货，甚至为了修改一份并不重要的文件，而忘记了下午还要与一个重要客户约会洽谈。

王助理是广州一家制鞋厂的销售部经理办公室助理。一次，某大型鞋类专卖店打来电话，让他们赶快送货。王助理应了一声，就在他准备将此事告诉销售经理时，桌上的电话又响了，这次是另一家客户打来的电话，电话里告诉王助理：客户支付的货款已从银行汇过来了，请查询。王助理应了一声，再一次准备起身时，质检部经理进来告诉王助理，客户需要的质量报告已经准备好了，请销售部将质量报告随同货物一同发给客户。紧接着，电话铃声又再次响起来，就这样，直到下班时，王助理还没来得及将某大型鞋类专卖店要求立即送货一事告诉销售经理。事实上，在忙忙碌碌之中，王助理早已忘记了送货这件事。

过了几天，某大型鞋类专卖店还未见货物，便一个电话直接打到了销售经理办公室，销售经理赶忙通知业务员立即送货。王助理也因此被公司解聘。

或许，大家都为王助理被解聘而叫屈，王助理自己也觉得有点冤。但是，可以试想一下，假如王助理在工作中使用了"日常备忘录"，那么，即使再忙，他也不会把那么重要的事情给忘掉了。

像王助理一样，林助理也是一家公司的销售助理，她的工作甚至比王助理更繁忙，但是不管在什么情况下，林助理都能轻松地完成每天的工作，从来不像王助理那样做事丢三落四。

原来在林助理的办公桌上，在最醒目的地方，放着一份工作备忘录。如果当天突然出现一些事情，如某客户催款、某客户需要货物等，她都一一记录在工作备忘录上，然后，按照事情的轻重缓急程度，一件一件地落实，直到把全部事情做完。

而且每做完一件事，她都在备忘录上画上一个记号，并在下班前 5 分钟检查一下备忘录，这样即使有遗漏，也来得及补救。

显然，林助理的方法值得学习，假如大家也像她一样使用备忘录，那么，不仅能节省时间，提高工作效率，而且各项工作也能有条不紊地进行。

不可拖时间，而要抢时间

时间是最宝贵的资源，浪费时间就是浪费生命。在工作中敷衍拖拉，就是对时间的一种浪费。如果充分利用时间，就可以做更多的工作。如果能在公司规定的时间内提前完成工作任务，就等于节约了更多的时间。

理查德是一家公司的销售主管。一次，老板告诉他，自己在 3 天后去加利福尼亚州参加一个会议，让理查德尽快制订出下个季度的销售计划，老板要亲自把它带到公司总部，交给董事会讨论。当着老板的面，理查德说："好的，先生，我马上就去准备，一定在你走之前把它交到你手上。"老板听后，满意地点了点头。

可事实上，理查德一跨进自己的办公室，听到同事们正在热烈议论某款刚推出的计算机游戏，便想："反正销售计划三天后才要，不着急，我先玩会儿游戏再动手也不迟。"于是，理查德在计算机前坐下，开始了游戏大战。当到了下班时间时，他才想起销售计划书一事，可一想到还有两天时间，也就放心地下班了。

第二天一上班，理查德看见办公桌上全是杂乱的等着处理的商业信函和文件，便开始着手整理办公桌，然后处理信函和其他事情。其间，他也偶尔想起应该动手制订老板交代的销售计划，但一想到还有充足的时间，便又放到了一边。然而，到了第三天上午，理查德进办公室后，第一件事便是上网查看自己的私人邮件，接着又和网友聊起天来。直到下班前一刻钟，老板的秘书出现在他的办公室时，理查德才想起那份还没动手的销售计划书，但此时一切都为时已晚。

老板听了秘书的汇报后，赶到理查德的办公室说："你明天用不着来上班了！现在去财务部吧，我已通知他们替你结算好工资了。"

理查德为自己的拖延付出了沉重的代价。

身为员工，应该吸取理查德的教训，千万不可拖延时间，而应该抢时间。在主动完成自己分内工作的同时，还要做到以下几点：

1.在规定的时间内完成工作任务。

在很多公司里，都挂着内容是这样的一块牌子：向效率要时间。其大意是，较高的工作效率可以争取到较多的时间。相反，浪费或者不善于安排时间就会出现工作效率低下的现象。一名优秀的员工应该知道如何利用有效时间去主动完成工作任务，并清楚在老板指定的时间内完成工作任务的重要性。

一些刚参加工作的新员工，在掌握工作时间上往往会出现这样一种现象，即晚来早走。如果经常晚来早走，每天工作不足规定的时间，那么总有一天，这位员工会被叫进老板办公室。

群众的眼睛是雪亮的，每一个人的工作量摆在那儿，每天做了什么，做了多少，大家心里都非常清楚。也许有人善于安排，按计划做事，能在相对少的时间内完成工作任务，但也没有理由晚来早走，而是应该向老板说明情况，争取更有挑战性的工作，或者将富余的时间用来自学更多的东西。

2.不浪费每一分钟。

对许多员工来说，"一分钟"显得无足轻重，即使是 10 分钟、20 分钟，也常常被这些员工用来闲聊。当然，这些浪费时间的员工，直到退休时都不会明白，自己之所以一辈子平平庸庸，就是因为浪费了太多的时间，虚度了美好的光阴，不懂得在工作中珍惜每一分钟对自己的将来是多么重要。

一名员工要想在公司里不断地提高自己并获得老板的赏识，就必须学会有效利用每一分钟的时间。

美国麻省理工学院对 300 名管理者做了调查研究，结果发现凡是成绩优异的管理者都懂得合理地利用有效时间，把时间消耗降到最低限度。

一位美国保险人员自创了"一分钟守则"，他要求客户给予自己一分钟时间，用于介绍自己的工作内容。一分钟一到，他会自动停止自己的话题，并感谢对方给予他一分钟的时间。由于他遵守自己的"一分钟守则"，所以在一天的经营中，时间的付出几乎和业绩成正比。

"一分钟时间到了，我说完了！"信守一分钟，既保住了自己的尊严，也没有减少别人对自己的兴趣，而且还让对方珍惜他这一分钟的服务。

另一家公司为了提高开会质量，老板特意买了一个闹钟，开会时每个人只准发言 6 分钟，这个措施不但使开会有效率，也让员工分外珍惜开会时间，并把握好发言时间。

身为员工，不仅要懂得每一分钟的价值，还要善于找出潜在的时间，并加以有效利用，做到不浪费每一分钟。

当然，在生活中，不仅员工不能拖延时间，就是经理、家庭主妇、教师、医生等，也不能拖延时间，否则，就会把大量的时间浪费掉。只有懂得珍惜每一分钟的人，时间才会给予他丰厚的回报。

文件处理要迅速

处理文件是每个企业管理人员必做的工作，这里的文件包括来往商业信函、下属递交的需要批复的报表、计划书、策划方案、会议记录等。每天处理这些事情要花很多时间。那么，如何最大限度地把这件工作做得既快又利索呢？

首先，要抛开传统的处理方式，即不宜按照文件接收的先后顺序一件一件地细看，这样一天的时间有可能都被消耗在看文件上，而把重要的事情耽误了。要避免这种情况发生，在上班后的第一件事就要对收到的文件进行归类，然后把最重要的文件优先处理掉。

其次，让秘书帮助处理文件。有的领导没有给秘书明确规定任务，秘书无论收到什么文件，都一概转给领导。其实，这些文件并非都需要领导亲自批示，那些不重要的礼节性信函等，应该授权给秘书处理，这样就能够节省出很多时间。同时，还应该告诉秘书如何对文件进行归类，应该把哪些文件转到哪个部门，或者应该把哪些文件直接丢进垃圾桶中。

如一位经理告诉他的秘书应该这样处理文件：

1. 把每天的文件进行分类，把最重要的、急需领导本人亲自处理的文件挑出来，并统一放在文件夹中，这样领导一上班就能立即进入工作状态。

2. 把"信息"类文件放到公文包里，在上下班的路上阅读，这类信息包括同行业间的发展动态、关于某件事情的长期计划安排等。

3. 可看可不看的文件，由秘书自己处理。

企业管理者在处理重要信件时，要做到每件只处理一次，也就是说，一旦打开一份文件，就要一次性把它处理好，不要处理了一半就放下，如果这样处理，当再一次看到这份文件时，就有可能由于疏忽而忘记了文件的关键内容，只好再从头看，这样就会浪费不少时间。

当然，不是所有文件都可以立即处理完，有的文件所涉及的事情需要用几个星期，甚至几个月时间才能解决，这就需要把这种文件单独列出来，在合适的时候再慢慢处理。有些文件所涉及的事情重大，必须向上级领导请示或者和其他同事商量后才能做出决定，对这样的文件，也要尽早处理，并把自己的意见转告他人。

另外，不要对那些没有价值的文件反复修改。一位秘书抱怨老板总是过于追求完美，要求他把每封信都要打上 3 遍草稿，然后再发出去，其实这样做浪费了秘书很多宝贵时间。

最后，管理者要严格要求自己的秘书，确保秘书撰写的文件都能立即发出去，不需要作任何改动。这样才能减少秘书的工作量，让他们把时间花在那些重要的工作上。

工作时间不闲谈

有效利用时间，是创造最大效益的关键因素。为什么同样的时间、同样的工作量，有的人能够轻松完成，有的人却只完成了一半？关键原因是有的人上班时间闲聊天，浪费了大量时间，影响了工作。在上班时间内，常常能听到这样的对话：

"下班后，我们去超市逛逛吧，那里的很多日用品都在打折。"

"听说有个大学副教授生了二胎，被学校辞退了。"

"财务部的经理准备和他的妻子离婚，据说是因为妻子有了外遇。"

"小李买房子啦，据说有一大半购房款是他丈母娘给的。"

……

如果仔细倾听，这些在办公室里窃窃私语的人，他们的谈话内容几乎与手头工作没有任何关系。当然，他们在谈话时，也就停下了手里的工作。

事实上，上班聊天是最浪费时间的行为，不但影响自己的工作，降低工作效率，还会影响到周围同事的工作。更重要的是，由于闲聊分散了精力，工作中容易出现差错，给公司造成损失，也会影响自己的发展。

东方是一家商贸公司的职员。这天上班后，他打开计算机，发现公司的一位客户从东北发来一封电子邮件，信中说他手里有一批大米，每吨 3000 元，希望东方给他回复一个邮件，说明愿不愿意要这批货，如果要，需要多少，都要在邮件里一一注明。

东方因为不知道这批大米的质量是否有保证，因此只愿意购进少量大米，先进行试销，如果销量好，再另外采购。可就在他准备回信时，他的同事小玫进来取一份资料。

东方见后，停止写回信，对小玫说："你今天真漂亮！"

"是吗？"小玫听到赞美后，非常开心，便索性坐到东方身边，和他聊了起来。

东方很乐意与小玫聊天，一聊就是半个小时。等小玫走后，他发现离自己必须参加的一个会议只剩下 5 分钟时间了，会议室在 8 楼，他的办公室在一楼，他知道电梯坏了没有修好。这下，东方着急了，他的手指在键盘上飞快地敲击着，想在最短的时间内把邮件写好发过去，却没有发现自己将原本公司需要的 100 吨大米的"100"后面多加了一个"0"，变成了"1000"。后来，所购大米的质量出现问题，根本无法销售出去，结果公司损失了一大笔钱。

经理知道这件事后对东方说："你可以走人了，我们公司不需要一个对工作不负责、上班时间内只知道闲聊的人。"

就因为东方在工作时间不专心干工作，而与同事闲聊，结果浪费了时间，并给公司造成了巨大损失，自己也尝到了失业的苦果。

由此可见，在上班时专心致志地干自己的工作，不闲谈，不做与工作无关的事，对每个人来说都非常重要，因为只有珍惜时间，才有可能收获成功的果实。

下班前，花 3 分钟整理办公桌

如果上班时办公桌上的文件、资料摆放得很整齐，那就能立即进入工作状态，同时，也会因为心情愉悦而提高工作效率。但是，在很多公司里，却常常看到这样的情景：下班时间一到，一部分人就抢着冲出公司大门，等到了大街上，他们便放慢脚步，女士们边走边欣赏街道两边商店橱柜里新展出的时装，男士们则拿出手机，联系朋友们小聚……

再回头看他们的办公桌，有开着的电灯、计算机；有回了一半或者根本没有打开的商业信函；垃圾桶里的废纸堆成了小山；过时的文件、旧报纸堆满了办公桌；抽屉里杂乱无章地放着自己的私人物品和一些较为贵重的办公用品；文件柜里与业务相关的书籍和一些属于公司内部资料的文件东倒西歪；文件柜的顶端搁着的档案袋上布满了灰尘……

第二天早晨一上班，看到办公桌上堆满了报告、回信、公文等，就会让人产生混乱、紧张、忧虑和厌恶的情绪，会使人处于一种心理压力高、身心疲惫的状态中。

因此，在下班前稍微收拾一下办公桌，只留下自己准备处理的资料，把垃圾倒掉，使室内保持清洁，第二天工作起来就会轻松很多。这种方法看起来简单，但对第二天的工作却能产生很好的影响，因为一个人的工作环境会直接影响这个人的工作效率。如果一上班就看到堆积如山的资料，就会产生消极情绪，工作效率也会受到影响，严重的还会引起精神疾病。

由此可见，下班前花一点时间来整理办公桌非常有必要。这会使繁杂的工作变得井然有序，而且也能以轻松的心情面对工作。

控制情绪，远离畏难心理

人是有感情、有思想的动物，所以很容易被情绪所左右或控制，这对工作繁忙的人来说是一大忌讳。当大事小事接踵而至时，你一定会觉得烦躁不安；当工作屡受挫折时，你也许会心情沮丧；当工作无聊时，可能会百无聊赖，思想开小差。这时你肯定没有意识到，时间常常就在这样的情绪变化中悄然溜走，当你清醒过来时，就会发现时间已经消失了，而问题一点儿也没有解决，还在眼前晃悠。

因此，要学会控制自己的情绪。情绪是一种特定情境下出现的心理意识，运用以下方法可以控制工作中的情绪。

1. 记工作日记。

如果坚持把每天抓什么工作，抓工作的效果都一一记录下来，过了一段时间再加以统计、分析，就会发现情绪对自己工作的影响。这样就可以把一项工作分为几项工作，在情绪最好的时候，抓最重要的工作。经过一段时间后，就会发现工作效率有了很大的提高。

2. 克服畏难情绪。

不少人有过这样的经历：当领导交给自己一件难度很大的工作时，心里往往会产生畏难情绪，如担心干不好会挨领导的批评；会承担更多的责任；会被扣奖金等。如果不克服这种心理，就没有办法完成领导交给自己的任务。

一位保险公司的部门经理接到领导交给的任务，让他去温州开辟新的业务市场，接到这个任务后，他就开始失眠了，他害怕去了温州业务无法开展，害怕去一个陌生的地方工作不适应等。因此一直拖着不去温州。其实，他也知道这件工作很重要，而且，如果他拒绝去，就会影响自己在公司的前途。这位经理如果能克服不良情绪的干扰，放下"思想包袱"，就能轻松地去温州开展业务了。

在工作中，如果发现自己因为畏难情绪而不敢承担一件重要的工作时，可以问问自己："到底害怕什么？"列出所有害怕的理由，并找出那些最可能使自己拖拉、放弃的理由，然后勇敢地面对自己的畏难心理，在第一时间去做那件不喜欢的但很重要的事情。

3. 以乐观的心态畅想未来。

学习改变时间观念，不管任何时候，当觉得有很大压力时，就要立刻停止考虑现在，而以乐观的心情畅想未来。比如想一些使自己动心的未来，也可以让自己的思绪回到过去，回忆过去曾经发生过的一些愉快的事情。通过这种自我调整、自我减压，快速改变自己的时间观念，让心情变得愉快起来。

第七章

绝不拖延：用迅速的行动赢得主动

人的一生就是和时间的竞赛，时间是直线向前的，是稍纵即逝的，如果你做不了它的主人，那么它就会做你的主人。在竞争日益激烈的今天，谁能做时间的主人，谁就能在最短的时间内收获最大的效益，真正优秀的人也是一个善于利用时间到极致的人。

永远比人快一步

在今天，竞争日益激烈的商海里，谁能做时间的主人，谁就能在最短的时间内获得最大的效益，真正优秀的人也是一个善于把时间发挥到极致的人。

谁在时间上领先一步，谁就能战胜对手。

现在的商业竞争，没有什么秘密可谈，谁能在最短的时间内，发挥出自己的优势，谁就能"称王"。

在激烈竞争的商战中，时间是战胜对手的一个重要因素，谁在时间上领先一步，谁就有可能取得胜利。将你的技术革新变得方便实用，这样，你就会牢牢地占据市场，你也会以此为动力，不断发展。比尔·盖茨在"卓越"软件的开发上所表现出来的眼光与胆识，就是很好的说明。现代企业的发展随着时代和社会的进步已经深深地打上了时间的烙印，对时间的有效利用渐渐成为衡量一个企业健康与否的重要尺度。

在商业竞争中，时间就是效率，时间就是生命，尤其是最具有现代产品性质的电脑软件更是一种时间性极强的产品，一旦落后于人，就会面临失败的危险。

比尔·盖茨在长期的实践中，对这一点体会最深，正是凭借着这笔难得的财富，他才总能在公司的若干重大危急关头，采取断然措施，抢在别人前面，因而获得了成功。

"永远比人快一步"是微软在多年的实战中总结出来的一句名言。这句名言在微软与金瑞德公司的一次争夺战中，表现得尤为淋漓尽致。

金瑞德公司根据市场需求，经过潜心研制，推出了一套旨在为那些不能使用电子表格的客户提供帮助的"先驱"软件。这是一个巨大的市场空白，毫无疑问，如果金瑞德公司成功，那么微软不仅白白让出一块阵地，而且还有其他阵地被占领的危险。

面对这种情况，比尔·盖茨感到自己面临的形势十分严峻，他为了击败对手，迅速做出了反应。1983年9月，微软秘密地安排了一次小型会议，把公司最高决策人物和软件专家都集中到西雅图的苏克宾馆，整整开了两天的"高层峰会"。

在这次会议上，比尔·盖茨宣布会议的宗旨只有一个，那就是尽快推出世界上最高速的电子表格软件，以赶到金瑞德公司之前占领市场的大部分资源。

微软的高级技术人员在明白了形势的严峻性后，纷纷主动请缨，比尔·盖茨在经过反复的衡量之后，决定由年轻的工程师麦克尔挂帅组建一个技术攻关小组，主持这套软件的开发技术。麦克尔与同仁们在技术研讨会议上透彻地分析和比较了"先驱"和"耗散计划"的优劣，议定了新的电子表格软件的规格和应具备的特性。

为了使这次计划得到全面的落实和执行，比尔·盖茨没有隐瞒设计这套电子表格软件的意图，从最后确定的名字"卓越"中，谁都能够嗅出挑战者的气息。

作为这次开发项目的负责人，麦克尔深知自己肩上担子的分量，对于他来说，要实现比尔·盖茨所号召的"永远领先一步"，首先意味着要超越自我，征服自我。

但是，事情的发展从来都不是一帆风顺的，现实往往出乎人们的意料。

1984年的元旦是世界计算机史上一个影响深远的里程碑，在这一天，苹果公司宣布他们正式推出首台个人电脑。

这台被命名为"麦金塔"的陌生来客,是以独有的图形"窗口"为用户界面的个人电脑。"麦金塔"以其更好的用户界面走向市场,从而向 IBM 个人电脑发起攻势强烈的挑战。

比尔·盖茨闻风而动,立即制定相应的对策,决定放弃"卓越"软件的设计。而此时,麦克尔和程序设计师们正在挥汗大干、忘我工作,并且"卓越"电子表格软件也已初见雏形。经过再三考虑,比尔·盖茨还是不得不做出了一个心痛的决定,他正式通知麦克尔放弃"卓越"软件的开发,转向为苹果公司"麦金塔"开发同样的软件。

麦克尔得知这一消息后,百思不得其解,他急匆匆地冲进比尔·盖茨的办公室:"我真不明白你的决定!我们没日没夜地干,为的是什么?金瑞德是在软件开发上打败我们的!微软只能在这里夺回失去的一切!"

比尔·盖茨耐心地向他解释事情的缘由:"从长远来看,'麦金塔'代表了计算机的未来,它是目前最好的用户界面电脑,只有它才能够充分发挥我们'卓越'的功能,这是 IBM 个人电脑不能比拟的。从大局着眼,先在麦金塔取得经验,正是为了今后的发展。"

看到自己负责开发研究的项目半路夭亡,麦克尔不顾比尔·盖茨的解释,恼火地嚷道:"这是对我的侮辱。我绝不接受!"

年轻气盛的麦克尔一气之下向公司递交了辞职书,无论比尔·盖茨怎么挽留,他也毫不松口。不过设计师的职业道德驱使着他尽心尽力地做完善后工作。

麦克尔把已设计好的部分程序向麦金塔电脑移植,并将如何操作"卓越"制作成了录像带。之后,便悄悄地离开了微软。

爱才如命的比尔·盖茨在听说麦克尔离开微软后,在第一时间里立即动身亲自到他家中做挽留工作,麦克尔欲言又止,始终不肯痛快答应。盖茨只好怀着矛盾的心情离开了麦克尔的家。

麦克尔虽然嘴上说不回微软，但他的内心不仅留恋微软，而且更敬佩比尔·盖茨的为人和他天才的创造力。

第二天，当麦克尔出现在微软大门时，紧张的比尔·盖茨才算彻底松了一口气："上帝，你可总算回来了！"

感激之情溢于言表的麦克尔紧紧抱住了早已等候在门前的比尔·盖茨，此后，他专心致志地继续"卓越"软件的收尾工作，还加班加点为这套软件加进了一个非常实用的功能——模拟显示，比别人领先了一步。

嗅觉灵敏的金瑞德公司也绝非无能之辈，他们也意识到了"麦金塔"的重要意义，并为之开发名为"天使"的专用软件，而这，才正是最让盖茨担心的事情。

微软决心加快"卓越"的研制步伐，抢在"天使"之前，成功推出"卓越"系列产品。半个月后，"卓越"正式研制成功，这一产品在多方面都远远超越了"先驱"软件，而且功能更加齐全，效果也更完美。因此，产品一经问世，立即获得了巨大的成功，各地的销售商纷纷上门订货，一时间，出现了供不应求的局面。

此后，苹果公司的麦金塔电脑大量配置"卓越"软件。许多人把这次联姻看成是"天作之合"。而金瑞德公司的"天使"比"卓越"几乎慢了3周。这3周就决定了两个企业不同的命运。

随后的市场调查报告表明："卓越"的市场占有率远远超过了"天使"。将竞争对手甩在后面，微软给全世界又一次上了精彩的一课。

在各种各样的商战中，谁在时间上赢得了主动，谁就能领先一步，在行动中就有了取胜的主动权。这样，你就会牢牢地占据市场，你也会以此为动力，不断发展。比尔·盖茨在"卓越"软件的开发上所表现出来的眼光与胆识，就是很好的说明。

能够把对手"挑落马下"的人，其实没有什么绝招可言，只不过是在他们出手时，在时间上比对手快了一点。

不要过分地迷信计划

该做计划还是不做计划？做得太多占时间，做得太少吃力不讨好。你是否经常回顾当天的工作成果，并且怀疑如果仔细地做出比较完善的计划，工作成果会更好一些？你是否用过必要的时间，研究一下其他工作方法？计划是必不可少的，因为许许多多浪费时间的活动是不会改变的。曾有份杂志对人们一生如何消耗时间进行过研究分析，他们以年为单位，而不用小时和天数。结果如下：

人一生花费的时间中：

吃饭——6年

工作——11年

娱乐——8年

走路——6年

阅读——3年

谈话——3年

睡眠——24年

沐浴修饰——3年半

学习——3年

以上数字仅是平均统计数，某一类人可能高些，也有些人可能低些。如果我们在工作上用掉整整11年的工夫，吃饭又用去6年，那就绝对有必要花一些时间和精力，适当计划一下，以便为我们人生其他追求的东西开辟途径。计划意味着你必须对每日、每周和终生的计划高度重视。

1. 瞄准目标。

善于控制时间的人，永远瞄准自己的目标。看起来好像一分钟也不肯浪费，一直努力向长期目标前进。

将准备完成的个人生活目标列出清单。这些目标可以是赴欧洲旅行、搬到某一理想的地区、再回大学进修、培养一项新爱好以及寻找一些新朋友等等。然后再把你一生中打算实现的专业目标确定下来，例如你打算担任业务部的总经理、到某个单位当领导，或者自己做生意、当老板等等。将你的专业目标也列出清单。

最后决定一下往后 6 个月你的短期目标，以及半年内你真正打算完成什么？这些短期目标可以是你个人生活目标的一部分。选好后即对准目标工作，再附加一项目标截止期和完成目标所需的必要措施。

如果把短期目标列入"每日工作"的清单内，即可促使目标实现。坚持逐步完成自己的目标，直到达成最终目的。

2. 行动胜过计划。

看一看你花费在计划上的时间，你赔得起这些时间而不具体行动吗？过多的计划只不过是因循拖延的一种方式，表面上忙忙碌碌，实际上只是把重要工作耽误了。

先找出计划过多的原因，然后创造一种环境，强迫自己投入行动中去。重视为重要会议或事项做好准备工作的好处，让你的工作效率更胜人一筹。计划虽然重要，但远不如把精力、才智和能力投入工作那样重要。

3. 给自己更广阔的空间。

周莉中学毕业后的第一份工作，是在一家大型电子公司担任会计。工作才半年，就因经济不景气而遭到解雇。

她很喜欢会计工作，但之后却一直找不到会计工作，于是她只好去做推销员，现在已经做了4年的推销工作。但她始终不能忘怀会计工作，可是又害怕会计工资低、工作没保障，她幻想也许能找到高工资的会计工作，于是每天阅读无数应征会计的分类广告。但她的思维模式开始对她形成压力，造成自己束缚自己。

人的一生际遇无数，但是当你不知道要做什么的时候，做起事来就会格外困难。因为自己不信任自己，自然很难说服旁人信任你。你应该仔细想想自己的技术、天赋和能力，然后依此和自己的目标相配合，把自己的梦想看成是重要且能成真的现实，用全部精力投入，即使遇到挫折阻拦，或是犯了一次愚蠢的错误，也不要过于在乎，应该谨记教训，重新振作起来，尽最大努力，充满信心地向前迈进。

计划也需要付诸行动

冰块放在电冰箱里就不会化掉，而一个人的时间这块"冰"，却是任何电冰箱也无法阻止它融化的。它不停地在化、在淌，越化越少了。一切愿意使自己的生命有更大的价值的人，千万要抓住"现在"，使自己生命中的一分一秒转化为"凝固了的时间"！子在川上曰："逝者如斯夫！"类似的有西班牙作家塞万提斯的名言："时间像奔腾澎湃的急湍。"因此，把握住今天，就要抓住现在。

时间包括3个部分，"过去"是已经逝去的时间；"未来"是尚未到来的时间；"现在"是现实的时间，存在的时间。应该说，

"现在"这个部分的时间最宝贵、最重要。因为"无限的'过去'都以'现在'为归宿，无限的'未来'都以'现在'为渊源"。"过去"是"现在"发展的基础，"现在"又是向"将来"发展的起点，现在把握不住，将来更无从谈起。谁放弃了现在，便为葬送将来开了先例。"现在"的重要性还在于它最容易丧失，所以它更加可贵。

我们每个人都要树立"今天"的观念。只有善于抓住今天，才有可能抓住成功。有人建议爱迪生"为科学休假十年"。爱迪生回答说："科学是永无一日休息的，在已过的亿万多年间，它于每分钟都工作，并且还要如此继续工作下去。"爱迪生在1871年圣诞节结婚那天，刚举行完婚礼，他突然想到了解决当时还没试验成功的自动电机问题的症结，便悄声对新娘玛丽说："亲爱的，我有点要紧的事要走，待会儿准时回来陪你吃饭。"直到半夜时分，他还在聚精会神地干活儿，直到家人找来，爱迪生才大梦初醒。爱迪生活了85岁，仅在美国国家专利局登记过的就有1328项科学发明，平均每15天就有一项发明。他的时间就是这么被节省出来的。

"不教一日闲过"，对于年轻一代人来说，尤为重要。"一日工作是一日功，一日不工作十日空"。我们不能一味地感叹岁月之虚掷，年华之流逝，让宝贵的时间，在踯躅蹉跎中白白地流过。人生易老，时不我待。必须抓紧每一天，才能使生命之光闪耀异彩，才能在白发苍苍的时候，理直气壮地回答：我没有虚度年华。

抓"现在"，就要有紧迫感。抓"现在"，必须立足于抓分秒。对于时间，人们只能从现在中去掌握它。现实的一分钟，是比想象中的10年更长的一段时间，古今中外一切事业上有成就的人，都是积秒建功、积秒创业的人。

只要你开始逐步进行，你就会发现，其实完成工作并不是十分困难的。你还会发现，逐步完成工作会带给你诸多好处，如晋升、加薪和其他各种良机。

另外，及早动手，你就会有更多的时间去处理意料不到的事情，获得更多的资料，或做其他更需要你去做的工作。

要立刻行动，就要克服拖延。拖延是影响你抓住"现在"的最大敌人，就像你成功航线上的礁石。有的人总觉得来日方长，"现在"无足轻重，只有"将来"才会有无限风光，才能决定一切。这种观念只是在向"现在"赊账，终有一天，债务必须偿还。

工作，是十分艰苦的劳动，需要的是勤奋，懒惰的人将一事无成。须知，知识财富不经过自己艰苦的思维活动，就不能成为自己的东西。中国古时候有一个懒惰的文人，怕读书费脑筋，就把书烧成灰，包在饺子里吃下去，以为这样就是读书的最好方法。到应考时，他也预先请人把试卷写好，如法炮制，吃进肚里。如果你想要立刻行动，就一定要戒懒，否则，多么好的设想、计划，都宛如细小的泉水滚落积水深潭一样，难得再奔跃向前，所谓成功、攀高峰也只能是一句空话。

所以，我们不但要研究如何合理安排时间，提高时间效能，还要研究怎样才能不浪费时间，把计划付诸现实。

谁慢谁就会被吃掉

在日常生活中，你要学会和自己比赛，始终走在时间的前面，尽可能地超越自己平常的成绩。

首先要养成快速的节奏感，克服做事缓慢的习惯，调整你的步伐和行动，这不仅可提高效率，节约时间，给人以良好的作风印象，而且也是健康的表现。

由于科学技术的社会化，人与人在能力（智商）上的差别越来越小，也就是说"M"基本是个常数。因此，人发出的能量就取决于其速度。

谁慢谁就会被吃掉。比如：搏击以快打慢，军事先下手为强，商战已从"大鱼吃小鱼"变为"快鱼吃慢鱼"。

比尔·盖茨认为，竞争的实质，就是在最短的时间内做最好的东西。人生最大的成功，就是在最短的时间内达成最多的目标。质量是"常量"，经过努力都可以做好以至于难分伯仲；而时间，永远是"变量"，一流的质量可以有很多，而最快的冠军只有一个。任何领先，都是时间的领先！

我们慢，不是因为我们不快，而是因为对手更快。

下面的这个羚羊与狮子的故事，充分说明了这一点。

在非洲的大草原上，一天早晨，曙光刚刚划破夜空，一只羚羊从睡梦中猛然惊醒。

"赶快跑！"它想到，"如果慢了，就可能被狮子吃掉！"

于是，它起身就跑，向着太阳飞奔而去。

就在羚羊醒来的同时，一只狮子也惊醒了。

"赶快跑"，狮子想到，"如果慢了，就可能会被饿死！"

于是，它起身就跑，也向着太阳奔去。

将时间管理当成比赛是有许多好处的。

1.能让平淡无味的工作变得有趣、生动。即便是最有刺激性的工作中也免不了有乏味的事。

2.和自己比赛可以激发心理学上的"满溢状态"的行为。这是一种内在的变化，时间似乎很少，但你的成果却很多。

3.改善你的工作质量。实现你自己的目标应该像优秀的跨栏选手一样，速度更快、更好，还要求不把栅栏碰倒。

人生就是一场竞赛，只有不断地奔跑，才能在竞争中不被他人"吃掉"。要培养不进则退的观念，工作不日进则日退。有人藐视一天的价值，以为不足道，认为稀里糊涂地过一天也无所谓。殊不知，没有一天，哪来一生。工作如逆水行舟，不进则退。

把数学上的"正"与"负"，运用在自我检测上，可以检查出自己是否做到日有所学，日有所进。季米特洛夫讲过："青年时，谁在睡下时不想想一天中学会了什么东西，他就没前进。虽然日常工作很多，你们必须好好组织自己的工作，要找出时间来考虑一下一天中做了些什么：是正号还是负号？假如是正号——很好，假如是负号，那就要采取措施。"我们不妨把在一天中工作有成绩看作"正"，把没有成绩看作"负"，在每天睡下时，像季米特洛夫讲的那样，一想一问，那会大有好处。人们往往在扪心自问中，看到了自己的进步，发现了自己的不足。是"正"号的话，更上一层楼；是"负"号的话，奋起直追。这一问，可以问出雄心，问出进步，使自己在学习上，只有日进，不会日退。

我们工作，不仅要有长期的计划，而且要有短的安排，这个安排，就是工作定额。工作定额是工作计划的具体步骤。假若没有定额，工作得松松垮垮，造成时间上的极大浪费，到头来，工作"计划"变成了"空话"。有了工作定额，就可以统筹安排，形成制度，培养良好的工作习惯，逐步完成工作计划。

定额一经制度化，就要立即付诸实践。就不能学学停停，一定要自觉培养每天完成工作定额的习惯。

每天完成工作定额的习惯，要靠高度的学习自觉性和坚韧的毅力来保证。

"明天"，是勤劳最危险的敌人。任何时候都不要把今天该做的事搁置到明天，而且应当养成习惯，把明天的一部分工作放到今天做完。这将是一种美好的内在动力，它对整个明天都有启示作用。着手完成每日定额也是一样，任何时候都不要把计划在今天做的事放到明天。

行动就要迅速

大部分的人都太喜欢拖延了，他们不是做不好，而是不去做，这是失败最大的恶习。不行动，怎么可能会有结果呢？

你想成功、想赚钱、想人际关系好，可是从不行动；想健康、有活力、锻炼身体，可是从不运动；知道要设目标、订计划，但从来不去做，就算设了目标、订了计划，也不曾执行过；知道要早起、要努力，可就是没有行动力；知道要推销，可是从不拜访顾客。就这样，很多人一天天抱着成功的幻想，染上失败者的恶习，虚度着光阴。

每一个成功人士都是行动家，不是空想家；每一个赚钱的人都是实践派，而不是理论派。立即行动，从现在起就要养成马上行动的好习惯。

宇宙有惯性定律。什么事情你一旦拖延，你就总是会拖延，但你一旦开始行动，通常就会一直做到底。所以，凡事行动就是成功的一半，第一步是最重要的一步，行动应该从第一秒开始，而不是第二秒。

只要从早上睁开眼睛的那一刻开始，你就马上行动起来，一直行动下去，对每一件事都要告诉自己立刻去做，你会发现，你整天都充满着行动力的感觉，这样持续 3 个星期，你可能就养成了马上行动的好习惯了。

所以，现在看到这里，请你不要再想了，再想也没有用，去做它吧！

任何事情想到就去做！放下书本，现在就做！去行动！

拿一张纸写上"立刻行动"，贴在你的书桌前、床头、镜子前，贴满你的房间，你一看到它就会有行动力的。现在就做！

为了养成你马上行动的好习惯，请你大声地告诉自己："凡事我要立刻行动，立刻行动！"连续讲10次，立即行动！只有不断地行动，才能帮你快速成长。行动的人改变了这个世界，行动的人才会在21世纪快速实现自己的梦想。

竞争的实质，就是在最短的时间内做得最强、最有效果。人生最大的成功，就是在最短的时间内通过最快的成长达成最多的目标。

盛田昭夫说："如果你每天落后别人半步，一年后就是一百八十三步，十年后即十万八千里。"

谁快谁就赢，谁快谁生存。在贝尔研制电话时，另一个叫格雷的人也在研究，两人同时取得突破，但贝尔在专利局赢了——比格雷早了两个钟头。当然，他们当时是不知道对方的，但贝尔就因为这120分钟而一举成名，誉满天下，同时也获得了巨大的财富。

谁快谁赢得机会，谁快谁赢得财富。

无论相差0.1毫米还是0.1秒钟——毫厘之差，天渊之别！

在竞技场上，冠军与亚军的区别，有时小到肉眼无法判断。比如短跑，第一名与第二名有时相差仅0.01秒；又比如赛马，第一匹马与第二匹马相差仅半个马鼻子（几厘米）……但是，冠军与亚军所获得的荣誉与财富却相差天地之远。

不管你是总裁还是小职员，为了保住自己的职位，不都要尽心尽责全力以赴吗？要知道有人盯着你的职位跃跃欲试。总裁的高位自然热门，不必多说，小职员也不例外，因为公司门外总有不少新人等着进来。

这样看来，大家的选择都是一样：要么做得更好，要么被淘汰。在新的一天来临时，可不要再拿闹钟出气，还是对自己说一声"加油"吧！

在心智上做出改变

大家或许知道，做事拖拉是一个毛病。如果你作为经理，你肯定不会喜欢做事拖拉的下属。然而，我们许多人不自觉地养成了这样的习惯，染上了这样的毛病。或许我们每个人都有一种不良的习惯——拖延时间，这种现象我们不时遇见，以至于看见或者发生在自己身上时都不以为然了。

然而，拖延时间却是一种极其有害的恶习。鲁迅先生说过：浪费别人的时间等于谋财害命。那么你呢？是否经常拖延时间？你也许已经讨厌这种毛病，并希望在生活中改掉它。但是，你总是没有将自己的愿望付诸切实的行动，其实，有了这样的想法而没有实施，这又是一种拖拉。

我们每个人都确知，拖延时间的确是一种不健康的行为，然而却很少有人能够说他自己从不拖延时间，这本身就是一种无可奈何。其实，生活本身就是充满了这样的哲理。并不是你喜欢这样做，恰恰你又这样做了，你的心情也不会很舒畅。事实上，对大多数人来讲，拖延时间不过是让自己避免投身现实生活而采取的一种手段。

造成拖延恶习的原因有很多，其中的主要原因是缺乏信心、责任感、安全感，害怕失败，或无法面对一些有威胁性、艰难的事。潜意识也是导致人们拖延的因素。他们知道该做些什么事情，但原因不明，就无法去做。有的时候是因为某些潜意识的恐惧，拖住了他们行动的脚步。

停止拖延的最好时机就是现在。那么，就让我们从现在开始改变自己！

首先，你要有一颗快乐的心。你对自己所从事的工作的感觉，会大大地影响你做事的方式。你如果十分快乐地接受实施某件事，这件工作就会更好更顺利地完成，而且你的愉悦心情可以与别人一起分享。相反，如果你对工作感到生气和不满的话，这件工作就会变得冗长，你也更有可能犯下许多错误，而周围的人也会慢慢疏远你。

其实快乐是很简单的事情。你想让自己有多快乐，你就会有多快乐。只要你一开始想些快乐的事情，把恐惧、愤怒、挫折感全部从心中除去，即使面对困难，也是阳光满面。快乐起来，周围的事情就会变得轻松，有时候还会让你感动。尽量找些快乐的事，看些令人快乐的书，看些喜剧片，碰到好笑的事就开怀大笑。假如你能养成快乐的习惯，停止拖延的脚步就会加快一些。

养成一种快乐、健康的态度，然后开始去做你所搁下的工作。你会发现以往的拖延是多么的不必要，你会发现你的生命充满了生机和活力，你会发现自己能那样轻易地感染别人。

学会了解你自己。假如你对自己做了什么都很了解的话，那么要改变自己的行为就容易多了。把你的情绪记录下来，找出哪一种情绪对你的帮助最大，正如找出你拖延的原因一样，假如你好好记录，并常拿来看的话，你会更加了解自己。这样可以增加你自身的力量，克服自己的缺点。

克服你心中的畏惧感。对于那些导致你拖延的因素，你必须敢于面对。假如你怕自己会犯某些错误，就把它写下来，然后写下你准备如何去解决这些头痛的问题。如此一来，你的恐惧就会消失得无影无踪，但你一定要训练自己做这些练习。

恐惧总是躲在黑暗的角落里，慢慢地消磨你的意志，但如果你把它们挖出来，迎头痛击，它们就会枯萎而死。

训练你的心智。每天你都必须训练自己的心智，不能让它一直处于休眠状态。假以时日，你就会培养出一种好习惯，并使你从拖延的陷阱中跳出来，而找到另一个充实而有价值的人生。这种心理训练要尽可能多做。下面是一些具体的训练方式：

1. 体验——把自己的思想集中于精神方面的体验。用点时间去看看花草，看看夕阳、日出，充分享受景物、声音、味道，体验这些感觉的乐趣。

2. 学习——每天让自己学点新鲜东西，以保持心智的新鲜成分。

3. 回想——想想过去所发生的事情，它们会对现在和将来具有一定的指导意义。

4. 开始行动——做些需要有责任感和想象力的工作。

5. 完成——把一件工作，或生活中的某些事加以完成，尤其是那些你忽略过的东西。

6. 创造——给予这个世界一些东西，这些东西也许在你离开这个世界后仍然有用。

此外，你还可以自己设想很多练习方式，这些练习不仅能帮助你行动，而且能帮助你完成你以前所不可能完成的工作。

学会自我激励。你也许因为缺乏动力，或是感到灰心，觉得自己无用而拖延工作，假如确是如此，你就必须改造自己，并且克服和训练你的弱点。

不妨自夸一点，那样会增加你的信心，并且增加你对工作的热度。你越是相信自己，你所能完成的工作就越多，做得也越好。

找资料来，记录下这些积极的刺激方法。你可以把你想到的灵感，或别人给予你的认可和奖励都记上去。幽默感也有难以想象的治疗效果。所以一定要画上一些插图，还有些什么"秘史"之类的，任何能让你发笑的都可以。只要能让你保持精神振奋，并给你自信，就多用它来帮助你达到目标。

你也可以偶尔给自己所做的好事一个很高的评价，这样可以使你的自我充分得到滋润。

改变某些习惯。在你不再拖延之前，你也许必须去掉一些习惯或改变一下你的行为方式。只要你开始去工作，就给你自己一些奖励，即使稍后你气馁不干了，也没关系，这总比你为了气馁不干而惩罚自己要好多了。这样一直做下去，你会养成许多重要的好习惯。

你所有的习惯中，有一个是你必须马上革除的，那就是拖延的恶习。一种好的态度可以在你改变自己时给你冲劲，但同时你也要了解，你想完成的是什么。

分析你的行为。试着去分析你必须要做的每件事情，这点做起来很容易，而且往往也很有用。对于自己的行为，要仔细地研究。因为你越了解你的工作，你就越容易去完成它。如果你对你的行为一无所知，就会对它漠不关心，而漠不关心正是导致拖延的先头部队。如果你对自己的行为多加认识，你就可以克服这两者。

全身心投入你的事业。假如它值得你去做，它也就值得你去研究。假如你不清楚某些具体情况，就多加观察，收集更多的资料，这也可以当作一种准备工作，它会给你一股力量去开始工作。你对自己的工作知道得越多，就越有兴趣。运用这些新的知识，你就会觉得很容易而且可以更快地完成。把你的知识与别人分享，让他们也投入这个工作。他们不但会激起你工作的热忱，而且还会支持你努力工作。

第八章

化繁为简：效率永远是最重要的事情

爱因斯坦说："每件事情都应该尽可能地简单，如果不能更简单的话。"化繁为简，才能提高工作效率，只有效率提高了，工作才能卓有成效。

效率往往就是从简化开始的

在现实生活中，有这样两种类型的人：一种是善于把复杂的事物简单化，办事又快又好；另一种是把简单的事物复杂化，使事情越办越糟。当我们让事情保持简单的时候，生活显然会轻松很多。不幸的是，倘若人们需要在简单的做事方法和复杂的做事方法之间进行选择，我们中的大部分人都会选择那个复杂的方法。如果没有什么复杂的方法可以利用的话，那么有些人甚至会花时间去发明出来。这也许听起来很荒谬，但真有不少这样的事，很多"勤奋的人"就在做这样的事。

我们没有必要把自己的生活变得更复杂。大部分人把他们的生活变得太复杂化，而且还总奇怪为什么他们有这么多令人头疼的事情和大麻烦。他们恰恰是那些外表看起来很勤奋的人。

生活中有很多"勤奋的人"沉迷于找到许多方法使个人生活和业务变得复杂化。他们在追求那些不会给他们带来任何回报的事情上浪费了大量的金钱、时间和精力。他们和那些对他们毫无益处的人待在一起。在某种程度上这简直像受虐狂。

许多"勤奋人"都趋于把自己的生活变得更困难和复杂。他们快被自己的垃圾和杂物活埋了，那就是他们的物质财产、与工作相关的活动、关系网、家庭事务、思想和情绪。这些人无法实现像他们所希望的那么成功，原因是他们给自己制造了太多的干扰。

把事情化繁为简的一个关键是抓住事物的主要矛盾。必须善于在纷繁复杂的事物中，抓住主要环节不放，"快刀斩乱麻"，使复杂的状况变得有脉络可寻，从而使问题易于得到解决。

同时它还意味着要善于排除工作中的主要障碍。主要障碍就像瓶颈堵塞一样，必须打通，否则工作就会"卡壳"，耗费许多不必要的时间和精力。

永远要记住，杂乱无章是一种必须去除的坏习惯。有些人将"杂乱"作为一种行事方式，他们以为这是一种随意的个人风格。他们的办公桌上经常放着一大堆乱七八糟的文件，他们好像以为东西多了，那些最重要的事情总会自动"浮现"出来。对某些人来说他们的这个习惯已根深蒂固，如果我们非要这类人把办公桌整理得井然有序，他们很可能会觉得像穿上了一件"紧身衣"那样难受。不过，通常这些人能在东西放得这么杂乱的办公桌上把事情做好，很大程度上是得益于一个有条理的秘书或助手，弥补了他们这个杂乱无章的缺点。

但是，在多数情况下，杂乱无章只会给工作带来混乱和低效率。它会阻碍你把精神集中在某一单项工作上，因为当你正在做某项工作的时候，你的视线不由自主地会被其他事物吸引过去。另外，办公桌上东西杂乱也会在你的潜意识里制造出一种紧张和挫折感，你会觉得一切都缺乏组织，会感到被压得透不过气来。

如果你发觉你的办公桌上经常一片杂乱，你就要花时间整理一下。把所有文件堆成一堆，然后逐一检视（大大地利用你的废纸篓），并且按照以下4个方面的程度将它们分类：即刻办理、次优先、待办、阅读材料。

把最优先的事项从原来的乱堆中找出来，并放在办公桌的中央，然后把其他文件放到你视线以外的地方——旁边的桌子上或抽屉里。把最优先的待办件留在桌子上的目的是提醒你不要忽视它们。但是你要记住，你一次只能想一件事情，做一件工作。因此你要选出最重要的事情，并把所有精神集中在这件事上，直到它做好为止。

每天下班离开办公室之前，把办公桌完全清理好，或至少整理一下。而且每天按一定的标准进行整理，这样会使第二天有一个好的开始。

不要把一些小东西——全家福照片、纪念品、钟表、温度计以及其他东西过多地放在办公桌上。它们既占据你的空间也分散你的注意力。

每个坐在办公桌前的人都需要有某种办法来及时提醒自己一天中要办的事项。电视演员在拍戏时，常常借助各种记忆法，使自己记得如何说台词和进行表演。你也可以试试。这时日历也许很有帮助，但是最好的办法是实行一种待办事项档案卡片（袋）制度，一个月每一天都有一个卡片（袋），再用些袋子记载以后月份待办事项（卡片）。要处理大量文件的办公室当然就需要设计出一种更严格的制度。

此外，最好对时间进行统筹，比如到办公室后，有一系列事务和工作需要做，可以给这些事务和工作安排好时间：收拾整理办公桌 3 分钟，对一天的工作安排 5 分钟等等。

总之，那些容易把事情复杂化的无数"勤奋人"应该学会的一种能力是：清楚地洞察一件事情的要点在哪里，哪些是不必要的繁文缛节，然后用快刀斩乱麻的方式把它们简单化。这样不知要节省多少时间和精力，从而能大大提高你的效率。

聪明地工作比努力更具效率

无数的人证明了这一点，努力工作并不能如预期的那样给自己带来快乐，勤劳并不能为自己带来想象中的生活。

告诉你一个既可以多一些时间享受生活，又可以获得最佳业绩的好方法，那就是聪明地工作，而不是努力地工作。聪明地工作意味着你要学会动脑，如果你一味地忙碌以至于没有时间来思考少花时间和精力的方法，过于为生计奔忙，那是什么钱也赚不到的。

自古房子出售，都是先盖好房，再出售，对此，霍英东反复问自己："先出售，后建筑不行吗？"正是由于霍英东这一顿悟，使他摆脱了束缚，迈出了由一介平民变为亿万富豪的传奇般的创业之路。霍英东是中国香港立倍建筑置业公司的创办人。在香港居民的眼中，他是个"奇特的发迹者"。"白手起家，短期发迹""无端发达""轻而易举""一举成功"等等，这些议论为霍英东的发迹蒙上了一层神秘的色彩。霍英东的发迹真的神秘吗？不，他主要是运用了"先出售、后建筑"的高招，而这一高招来自于他的思考。

在工作中，勤奋必不可少，这是一种优秀的品质，但要想获得成功，最大化地体现你的人生价值，就要多思考，无论看到什么，都要多问为什么，把思考变成自己的习惯。

一根小小的柱子，一截细细的链子，拴得住一头千斤重的大象，这不荒谬吗？可这荒谬的场景在印度和泰国随处可见。那些驯象人，在大象还是小象的时候，就用一条铁链将它绑在水泥柱或钢柱上，无论小象怎么挣扎都无法挣脱。小象渐渐地习惯了不挣扎，直到长成了大象，可以轻而易举地挣脱链子时也不挣扎。

小象是被链子绑住的，而大象则是被习惯绑住的。

所以，习惯常常是影响我们做事情的一个不被注意的关键。养成正确的思考习惯，是走向成功的第一步。

思考习惯一旦形成，就会产生巨大的力量，19世纪美国著名诗人及文艺批评家洛威尔曾经说过："真知灼见，首先来自多思善疑。"

下面则是一条令人高兴的真理：成功与辛苦工作没什么关系。为了赚大钱和从生活中得到更多的东西不得不辛苦工作并不是这个世界的自然规律。与之相反，比大部分人用更短的工作时间，更轻松悠闲的生活节奏，却能帮助你从生活中获取更多的收获，无论金钱还是精神。

辛苦工作与轻松创造是不相匹配的。和那些鼓吹辛苦工作的人不同，懒惰的成功者知道与长时间地辛苦工作相比，重要的、具有想象力的付出能产生令人印象深刻得多的经济效益和个人满足感。选择成为一个懒惰的成功者，你就能成为一个顶尖人物。你不必为了赚到丰厚的收入而工作，但你要聪明地工作。

优秀的人往往是"懒汉"

长期以来，古今中外都有一种普遍的观念，就是鄙视懒惰。人们一说起懒惰就深恶痛绝。其实，"懒"从某种角度来说，既能成为一种创造的动力，也能提高生产效率。

我们从小就听长辈们说起过懒汉，仿佛懒惰是件最丢人的事。实际上，正是"懒汉"推动了社会的进步。没有"懒汉"，再勤劳的人也会沉溺于单调乏味的劳作无法自拔。如晚饭后，一个小姑娘帮妈妈收拾餐具。她小心翼翼，把碗碟摞得高高的。这时妈妈就会冷言冷语地责备说："真是懒汉干活儿。"用不着经过几次批评，这孩子就会养成滥用力气的习惯：即每次少拿一些碗，多跑几趟，把力气花在不必要的往返上面。开始时，她只是做给妈妈看的，久而久之，她养成了习惯，她也以为外表表现出勤劳是很重要的。结果，她长大了，总是一副忙碌的倦容。凡是把懒惰想象为邪恶的家庭主妇，总会有这模样。

大多数妇女都比男人容易衰老，不用说，这是由于一般妇女不如她们的丈夫懒惰。当只需走一两步时，她们却不在乎走上 10 步。她们宁愿循规蹈矩，落个疲惫不堪，也不肯运用心智去偷懒取巧。

懒惰的饭店服务员往往是最令人满意、最优秀的，他总是力争一次就把餐具都送到餐桌上，因为他讨厌多走半步路。而那些勤快的伙计却端上咖啡而不带方糖和勺子，他们反正不在乎多走几趟，每趟只拿来一样东西，结果咖啡已经凉了。

人类的一切进步难道不都是由想偷懒的"懒汉"推动的吗？

我们的远祖住在条件恶劣的山洞里，每次想喝水，都要走到溪水旁边才行。于是他们发明了最初的水桶，用水桶可以把足够一天饮用的水一次提回家去。不过，如果他们连水桶也懒得提了，下一步就会想到发明管道了，水可以顺着管道从溪边一直流进消费者的屋子里。为了不必挑水翻山，水泵和水车就被发明了出来，这无疑也都是懒汉们发明的。同样，我们的某个祖先想到湖对岸去，又不愿意沿着湖边绕过去，才发明了船，它是把一段树干掏空以后做成的。

一百多年前，有个叫汉弗莱·波特的少年，人家雇他坐在一台讨厌的蒸汽发动机旁边，每当操纵杆敲下来，就把废蒸汽放出来。他是个懒汉，觉得这活儿太累人，于是想办法在机器上装了几条铁丝和螺栓，使得阀门可以靠这些东西自动开关了。这么一来，他不但可以脱身走掉，玩个痛快，而且发动机的功率立刻提高了一倍。

早先的农业机械都没有座位。起初想到安座位的肯定是懒汉，因为他们懒得整天在田地上走路，他想要坐着干活，于是又一个发明诞生了。

最杰出的工程师、动作研究之父弗兰克·B·吉尔布雷思，常常把各行各业优秀工人的劳动动作拍成影片，以判断一种工作最少可以用几个动作完成。他发现，懒汉往往才是最优秀的工人，人们可以从他们身上学会许多东西，这种人懒得连一个多余动作都不肯做。而勤快一些的工人的效率要低得多，因为他不在乎把力气花在多余的动作上。一个称职的领导人也同样懒惰，凡是能吩咐别人为他干的事，他绝不亲自去做。

精神的懒惰也同样促进了人类的进步。许多重要的规则和定理都是懒汉想出来的，这些人想在脑力劳动上寻找捷径。发明万有引力定律的人肯定是精神上的懒汉，因为有了这个定律，要计算许多数据就非常简单了。想想看，如果某些懒汉不曾建立"2 + 2=4"的规则，我们在生活里将会遇上多复杂的局面，将会碰到多么令人精疲力尽的麻烦啊！

人正是懒得推磨，才发明了风车；懒得走路，才发明汽车；懒得洗衣服，才发明了洗衣机……懒惰的人，身上常常闪烁着创造的火花。

其实，正是"懒汉"承担了促进文明发展的重任。现在是给懒汉们平反的时候了，他们身上寄托着人类的希望。

把注意力集中到结果上

做得够多不等于做得够好。克莱门特·斯通曾说："在职业生涯中，我让自己养成了只依据人们的成果来支付他们报酬的习惯。成果比任何华丽辞藻更具有说服力。"

我们在工作中要明白一个重要的道理就是：做得够多不等于做得够好。有很多没有把工作做好的人会给自己找一个借口："我做得已经够多了。"那么，要怎么帮助这些人摆脱这种心态呢？这些人要如何才能了解最终的目的是要达成目标，而不是避免受责？

要处理这种逃避责任的心态，可问诸如下列的问题："你如何看待工作上的责任？你觉得责任极限在哪里？你如何认定自己做得已经够多了呢？如果你已经做了你平常该做的事，但是问题还是无法解决，或者目标还是无法达成，你的下一步是什么？你如何决定何时停止一切尝试解决问题的举动？你要如何解释自己的这个决定？如果你是公司老板，你会希望员工撑得比你久，做事比你现在努力吗？你能否想象自己无限制地做下去，直到达成目标？如果这么做的话，你会有什么感觉？"

讲到这里，我们必须强调一点。我们并不是在说，公司的员工必须不择手段达到工作目标，甚至要牺牲自己其他生存的价值，诸如健康、家庭、休闲等等。这样做只会让自己对自己更不负责而已。我们所提倡的，是在合理的范围之内，也就是在不会危害到个人生活的范围内，如果目标尚未达成的话，就必须审慎思量自己所谓"做得够多了"是什么意思。

当我们谈到经济价值的时候，讨论的话题总是集中在各种形式的成果上，最终得到的报酬只是取得的成果，而不会包括人们的好心肠或者努力的尝试。道歉或者借口也得不到任何的收入。

要想在工作中取得成果，就要注意不要盲目地做事情，而要做真正值得的事。大多数看上去值得做的事情并不值得你付出最大努力。显然，根本不值得去做的事情是最浪费我们时间的事情。大部分人在忙于做一些没有太大价值的工作，而这些工作并不能有助于我们过上具有效率、成就感的快乐生活。

很多人混淆了工作本身与工作成果。他们以为大量的工作，尤其是艰苦的工作，就一定会带来成功。但任何活动本身并不能保证成功，且不一定是有用的。许多人埋头苦干，却不知所为何事，到头来发现与成功擦肩而过，却为时已晚。

创造性地解决问题

有很多人是这样的：如果有人问他，他的脸为什么总是看起来胖胖的，他可能会因此而难过上一个星期。可是奇怪的是，不论他喜不喜欢听，他总是喜欢问别人，对他的外貌、穿着、谈吐，或是工作表现，有没有什么意见或是建议。

生活中有很多人会过分在乎别人对自己的看法。这样过于依赖他人的看法，以此作为自己言行、做人、衣着的唯一参考的话，这个人可以说是一个没有主见的人。

当被别人称赞的时候，有些人可能就会因此而高兴、满足，而别人对他们有意见的时候，他们就会感到懊恼、沮丧。更麻烦的是，如果不同的人对某人的举措或是衣着等，持有完全两极化的看法时，那么失去主见的人很容易会因为自己拿不定主意，又不知道该听谁的，而感到烦闷与焦虑。

有些人之所以会如此地去在乎别人的看法，多半是因为希望借着顺从别人的意见，来让他人产生好感。

其实，别人所给的建议，多半仅是根据他们的喜好所作出的主观认知，这也许与你自身的认知与喜好完全南辕北辙。而且有些人根本只是想满足他的支配欲而已。一种米养百种人，尤其当许多人同时给予过多不同意见的时候，很容易让人因为无所适从，而感受到莫大的压力。

还有这样的人：在一场研讨会上，他早就想发问了，可是他却会一直等到有人问问题之后，才会真的开始发问。他总是习惯于先观察别人是怎么做的，然后才会决定自己该怎么做，也就是总喜欢当跟屁虫。

人是群居的动物，大多数的人都是追随者，只有少数的人才是领导者，他们披荆斩棘，带领着芸芸众生，迈向不可预知的未来。也因为如此，我们大多数的人，会习惯遵循前人所设定的各种标准与规范，以确保自己跟别人一样正常。所以，当一群人看电视爆笑时，只要大多数的人开怀大笑，我们多半也会跟着笑起来，即使我们并不觉得很好笑。

因此，为了与大多数的人相同，有些需求与欲望，有时候就必须跟着妥协，而对于一些事物的观感，多半也只是遵循主流的观点，不容易拥有自己的主观的看法与想法，只因为你害怕自己会被大多数的人所排挤。至于一些较有主见的人，他们就不会随波逐流，因为他们知道自己真正要的是什么，而且非常自信，所以，他们不在乎别人以异样的眼光来看待他们。

请告诉自己：人要活得更好，就要在群体的活动中，试着做那种第一个站起来发言的人。假如害怕让你无法前进，那就转化心情告诉自己："这是我最后一次发言了。"不论是在课堂上，在研讨会中，都试着率先举手发言，就算在餐厅里，也试着当第一位点菜的人，就算是喜欢吃的东西与别人很不相同，而遭到他人投以狐疑的眼光，但试问：在一两个月之后，有谁还记得你那一餐曾经点了什么东西？

许多人在第一次听到录音带中自己的声音时，都会觉得不太自在，那是因为人都会长期地刻意忽略自己声音的存在。请别再忽视自己的存在吧！录下日常生活局部对话，然后反复地去倾听它，久而久之就能知道：原来在日常的对话中，可能使用了过多的赘字，也可能常常言不及义等，然后，慢慢再来改进自己的说话技巧，这时，你会深切地感受到自己的存在。

爱默生曾经写下这样的名言："不要怯于现场，人生本来就是一个大的实验场。"请仔细回想一下，联考前紧张的心情、第一次约会前忐忑不安的感觉、第一次面试时汗流浃背的窘境……结果呢？时间照走，生活照过，没有人因为"紧张"而丧失什么。而当所有的过去，都会形成回忆的时候，浮现在脑海中的景象，还是紧张与焦虑吗？不会的，留在记忆里的主要是甜美的果实。

有一些伟大的人之所以伟大，正是因为他们敢于与众不同。因为他们知道，模仿别人永远不会创造奇迹。

所谓"学习"，就是从模仿别人开始的。的确，模仿别人很容易，学得也快，成功也比较快。但是，模仿别人的能力看起来虽然比较容易成功，终究也只是一时的事而已。同时，模仿人也不可能有大发展。凡事都模仿别人的话，人生是没有什么意义可言的。

如果想在人生道路上成功，最好还是要开发自己的个性。但是，要开发自己的个性实在是很难的事情，因为阻力很大，而自己也很容易碰到障碍，又需要很长的时间才行。但是，如果能突破这许多的阻力或穿越过这许多的障碍，人生就会有极大的进展。

很多人都忘记发挥自己独特的个性，经常把自己委屈于常识的社会里，所以就无法充分发挥自己成功的可能性，以至于过着卑微的生活。你是否希望成为一个成功的人呢？如果是的话，你必须成为"自己本身"。

追求个性的实现，这是人的天性。

在工作中有不少这样的人，如果有人很明确地指派他做这个做那个，他往往可以很有效率地把它做好；但是，如果让他自己放手去做的话，他却常常会感到不知所措，结果往往也不尽人意。这种人仿佛是天生做下属的。

其实，这种跟着别人步伐起舞的习惯，多半是因为本身缺乏自信与创意所致，因此，认为唯有跟随着别人的步伐来完成一件事情，才会让自己觉得比较踏实，比较笃定。

正因为被指派的本身，可以减少事情处理时的不确定性；而相较之下，让你自由发挥的结果，往往意味着事情做得一团混乱。因此，选择以被指派的方式来处理事情，一方面可以让事情看起来较容易处理一些，另一方面，就算失败了，或是有了一些闪失，也会觉得反正还有人会替我扛起一些责任。这也难怪我们总是喜欢被人差遣来差遣去的了。因为我们认为成者有分，就算做坏了，自己只不过是执行者而已，大部分的责任都是来自上面的决策错误或是督导不周所致。这样的人是不能承担大任的。

缺乏主见的人还往往是因为他们没有明确的目标。需要他人来指引差遣，可能是因为他们根本就不知道真正的目标为何，因此，只有跟随他人的步伐，才能勉强找到真正的方向。所以，应该花一点时间，冷静地思考一下，目前最重要的目标有哪些，又有哪一些应该优先处理？为什么这些目标这么重要？而达成这些目标，对自己又有哪些实质上的好处？唯有确认这些目标对自己存有相当程度的价值之后，在努力的过程中，才会较有意义，也才会较有明确的方向感与使命感。

节约开会时间的两个办法

简化会议、节约时间，我们可以这样做：

1. 开会前预先列出问题及其解决方案各三项。

尽管大家都知道，开会多的单位往往工作效率并不高，但许多单位开会时间冗长得令人不敢恭维的情形，却是有目共睹的。这样也不是，那样也不是，有些是尽与问题毫不相干的废话，讨论了半天也没个结果出来，能气死人。由于与会人员在开会的那一段时间内都被会议束缚，什么事也不能做，所以如果以时间成本来考虑，实在是相当可惜的。总是开这种冗长的会议，就等于是无止境地浪费时间成本，其结果一定会造成公司金库的日益虚空。

通常这种无效率的会议，都是因为没有明确开会时限的缘故，也因此一定会有迟到或中途才进来的与会人员。由于不确知会议要开到什么时候，所以大家便毫无压力散漫地讨论。而且，会议主题不明确，只有题目没有讨论的方案，以致抓不住问题核心，讨论不出有效的结果来。

这里要提出来的是开会前的准备工作。例如，开会前应简单地逐条列出问题，并且针对每项问题分别提出至少三项的解决方法，以最精简的方式做出一份报告，于开会时分发给每一位与会人员。这样的会议一定能有效率地进行。

换句话说，提案者提出一些问题，而且针对问题拟定了苦干方案，由于个人能力有限，所以想请教于各位与会者，希望共同讨论、决定出一个可行的方法来。

这种方式的会议。大概都能在一个小时内结束，节省下来的两三个小时，可以用到更重要的工作上去。当然，主持会议的人前前后后一样要花两三个小时，但那至少只有他个人的时间花费，不会掠夺其他与会人员的时间，所以，就公司整体而言，时间成本是大幅节省了。也就是说，会议一开始，所有的与会人员便能立即切入问题的核心讨论。当然啦，这必须是在提案者本身已确实把握住问题点，并且做出具体的方案的大前提下才能如此顺利地进行。

2. 即席站立讨论，可以省下许多时间。

一些重要的事项经常站在走廊上三言两语就解决了。这些重要事项，如果是在单位的话，大概得上至上司、关系人，下至该事项的负责人，上上下下集合好几个人开会，而在开会时却又尽是负责人与上司之间的对话，造成全员时间上的浪费。但是，在现代追求高效率的单位则会是另一种景象。

例如，今天某企业档案的经费不敷使用，而负责人碰巧在走廊上遇见了握有处理该事项权限的上司，他便当场提出："由于……关系，事业的经费不敷使用，恐怕得再增多少数目不可……"而这位上司也同样简单明了地说："好，那么追加经费！"或是"不行哦，现在没办法追加经费了，你就在当初的预算范围内考虑解决的方案吧！"

是或否，一下子就有了答案，其处理事情之明快确实令人大开眼界。

其实会议不见得一定得许多人坐下来讨论不可。与上司在走廊上简单地得出结论，不也是一种会议形态吗？有时候何不尝试这种站立的即席开会。它之所以迅速，是因为双方都是临时站定，所以一定会产生赶快解决问题的心理，也因此能更集中精神讨论出结果来。这种会议形态，在重视总体意见的企业界，恐怕不太容易被采用，不过近年来逐渐有被接受的倾向。有人认为，即席站立式的开会，能使头脑的运转更灵活、迅速，在提高效率的前提下是很值得采用的。

减少电话使用时间的方法

把过多的时间用在打电话上并不是一件好事，因此减少不必要的通话也能为你节省很多的时间。我们不妨从以下几个方面入手：

1. 电话应对术。

一般的公司里电话相当多。好的一面是，它代表了业务繁盛；坏的一面是，常常要为客户电话打不进来而伤脑筋。虽然，只要秘书一句"抱歉，负责人正在讲电话"就可以处理了，但万一对方有要事联络时就伤脑筋了。而且，如果对方是重要客户的话，也得赶快挂掉手边的电话，拨过去问个明白。

如果对方是在公司或家里打的电话，那还无所谓，立即拨过去即可。万一是在公共电话亭打的话，一错过，可就无法补救了。思前想后，"到底什么事呢？会不会有什么急事啊？"恐怕一整天就要为那一通错过的电话心神不宁，工作大受影响。

当然，有过几次这种经验以后，有的人便开始以不错过任何电话为原则，并交代秘书，如果他讲电话的时候又有电话找他，务必请对方稍候，再以暗号通知他，并且等他的回复。他们之间的暗号是这样的，当秘书递给他传言便条的时候，如果他在便条上写"W"（wait 的略写）的话，就是"请他等一下，我马上好"的意思；如果是"T（telephone 的略写）7"，就是"7 分钟以后我会回他电话"；而"A（again 的略写）5"则代表"请他 5 分钟以后再打过来"。当然，一些推销员之类的电话，直接由秘书处理就可以了，不需要他接听。

有时候与一些喜欢聊天的客户通电话，讲完了正事以后就是无关紧要地话家常，而如果此时别的客户有要事联络，因为秘书的一句"讲话中"，就把电话回绝了，那么这可真是"因小失大"了。如果采用上述打暗号的方法，这些困扰就可以完全避免了，既不必担心错过任何电话，也可以安心地与客户话家常，搞好人际关系。

2. 不要只是"张先生来电"。"XX 公司的张先生来电"不是更清楚吗？

打电话的时候，最不愿意在电话接通以后，只听到对方一声"喂！"公司的名称连报都不报一下。就算是直拨的电话，也应该说"XX公司经理部"或是"XX公司公关部"等等，让对方确定自己没有打错电话，如果打错了也趁早发觉，避免时间的浪费。

像这样的电话应对，应该在新进员工的训练课程中详细提醒才是。总之，在单位里可以把各种对象的电话应对方法编印成册，让新进员工一开始就知道如何应付，而不必等到出了问题才一一解决、教导。这本电话应对手册中有应付各种电话的方法，以最令人头痛的推销员电话为例，当对方一开始："恭喜您在十万人中幸运中选，我们很高兴为您推荐一项优秀的产品……"在确定这是浪费别人宝贵时间的推销电话以后，你便可以单刀直入地说："总而言之，就是推销嘛！"不论是多么伶牙俐齿的推销员这种时候都只能回答："是的是的。"然后，你便可以立即补上："不用了，谢谢！"马上把电话结束，避免浪费时间。

另外，这样的手册中，对于对方打错电话的情形也应有详细的应对说明。许多人在知道是打错的电话以后，都会不高兴地说上一声"你打错了"就嘭地挂掉电话。但是这样的应对法，对方很有可能重蹈覆辙再打过来，徒增自己的麻烦。所以对于这种错误的电话，务必问清楚："请问你打几号？"如果对方回答的号码不对，应该告诉他："我们这里是几号"。如果对方回答的号码确实与自己的电话号码相同的话，就应该清楚地告知："这里的确是××号没有错，但我们这里是××地方。"以防止对方不明就里地重蹈覆辙。其实这些都只是稍稍费心的小方法而已，但这些小技巧却能减少电话被占用的时间。

调整工作环境，提高工作效率

我们都知道，工作环境的好坏会直接影响到工作效率的高低，那么，它们之间有着怎样的具体联系呢？

1. 太暗或太亮都会影响工作效率。

照明设备会直接影响工作效率。脑筋再清晰，如果眼睛疲劳的话，效率也会减半的，所以，从某种意义上来说，你对于工作场所的照明设备，应当不吝啬也不怕麻烦。出差投宿旅馆，你可以自行携带可伸缩的折叠式台灯来改善照明，因为旅馆或大饭店中的照明设备，设计时都是为阅读报纸或杂志设想。如果要长时间处理文件或读书，这样的光线是绝对太暗的，所以你应学会自备台灯。有了自备台灯即使是在旅馆的陌生房间内，也能和在自家的书房或办公室一样地集中精神做事。

其实不只是照明设备，目光所及的各种东西，都会直接或间接地影响到工作效率。就像前面提过的，为了替自己打气，有人制作了工作进度表，而在标明进度时，一般都以朱红表示。

虽然不是斗牛，但不可否认的是见到红色战斗力便油然而生。所以，画进度表也罢，读书时圈划重点或段落也罢，一般都应当采用可以感受到活力的红色或橘红色。

但是，工作地点的墙壁却不宜漆太刺激的颜色，当然，太晦暗也是不好的。最好是具有安定情绪的色调。有些人认为，适合精神劳动的环境应以淡青色或淡蓝色的寒色系为佳。而白苍苍的墙壁也容易让人联想到医院，所以，很多人偏好柔软又具亲和力的肤色系统，似乎以它最能感受到安定的感觉。

当然我们并不是色彩学专家，无法做详细的说明，但墙壁的颜色确实会影响一个人的情绪。每天面对脏而旧的墙壁，日子一久，人都会变得贫弱无趣。所以，除了色调本身以外，干净与否也是很重要的。

假设由于藏书太多，书橱好几个，导致你的书房几乎看不见墙壁。那么，精心安排的肤色墙壁就发挥不了作用了。不过，你把重点转移到窗帘上，柔和的肤色窗帘一样具有安定心情的效果。总之，为了提升工作效率，注意工作环境的安排是绝对有必要的。

2. 工作性质与工作场所的配合。

讲到工作与场所的关系时，必须考虑到配合的问题，因为工作内容的变更，场所也需要变动。比方说必须参照许多参考书籍的工作，就非得在参考书籍随手可得的地方不可。如果缺乏所需要的书本，不管你花多少时间，效率也是不高的。这个道理人人都懂，但是许多人却放着显而易懂的道理不顾，尽是无效率地工作。

不少作家喜欢将自己关在饭店或旅馆内写作，另外一些人也经常选择在饭店里工作。不同的是，前者是故意将自己关到旅馆中，而后者则是因为出差不得不如此。但是，在旅馆内做事确实有它的好处，平时在办公室里，一会儿部属，一会儿秘书，一会儿又是客户的电话，工作常常会被打断。在家里的话，几时吃饭、几时洗澡、几时上床，有它一定的生活步调。就算自己全然无视，也多少会受同一屋檐下其他人的影响，容易分心。所以，如果把必要的资料带齐了到旅馆内工作，由于不受干扰，工作便能做得多而且快。

尽管旅馆内工作效率高，但并非所有的工作都能在旅馆内圆满进行，毕竟我们不能把单位或书房里的各种参考书及资料，全数搬进旅馆。你可别只想到在旅馆内不受干扰，工作效率高，便以为什么工作都可以带到旅馆去做。

反过来，如果必须投宿旅馆，一定要事先考虑能做哪些工作，需要带哪些资料。从一般经验来说，一旦知道出差时要投宿旅馆，一定事先备妥能当场进行的工作资料。有了基本的资料、必备的参考书，才能达到满意的工作效果。

3. 上下班的公共汽车上也是不易受打扰的工作场所。

有些人在朝9晚5的上班生活中，大部分的坐车时间都用来学习外文。早上时间一到，定时器就会启动收音机，把他叫醒。

也许，你会认为在摇摇晃晃的公共汽车中，充其量只能做些听力的训练或是构思而已，其实车上也是很适合写稿的。如果你愿意尝试的话，将可以发现，克服在车上写字时的物理性障碍，并不如想象中的困难。甚至会觉得，比起在图书馆里小心翼翼生怕打扰他人的情形，在公共汽车上写字是要开放、自由得多，令人忽略了它的不方便。而且电车里也没有如办公室中被杂事中断的情形，所以一些在办公室里无法定下心来写的东西，你可以在乘车的时候完成。

高效率工作的小窍门

无论是老板还是普通职员，都希望不断提高工作效率。但是，提高工作效率也需要一些小窍门，只要灵活运用这些小窍门，就一定能缩短工作时间，提高工作效率。

1. 统一纸张大小。

在工作中，特别是那些与文书、数据、报表等有关的文秘工作，都离不开办公用纸。办公用纸的规格应当统一，不能有大有小。如有的报表打在 A4 纸上，而资料打在 B5 纸上，由于纸张大小不一，复印时很费时间，如果所有资料纸张大小一致，不只是复印，各方面的工作效率都将大大提高。

2. 将经常使用的工作用语记号化、简略化。

管理者在处理事务的过程中，会经常和来访的客人交换名片，等客人走后，管理者会在其名片上简单地记上"名、住、印、档"等记号，然后交给秘书，由秘书将记有客户姓名、住址等内容的名片夹入名片簿存档。经常把使用的工作用语记号化、简略化，在交代工作的时候，可以省去不少麻烦。当然，这些简化用语在秘书上班的第一天就应该告诉他，要求他按照记录简单记号的方法处理客人的名片。

3. 写报告要讲究方法。

在写报告时，中途有疑问或不了解的问题，可以查阅资料或文献，不过，却因此而耽误了时间，影响了工作进度。所以，一旦有必须查阅的问题，可先将其列在纸上，最后再去查资料。此外，列在纸上的问题也可以交代下属去查，不必停止手中的工作。

4. 参考书籍在复印出所需资料后，要立刻归位。

在很多管理者的办公室里，都有一个大大的书架。如果书架上的书摆放得乱七八糟，找一本急用书就得花上很多时间，由此导致工作效率降低。所以，书架要随时整理，将使用过的书籍归位。一般情况下，所需要的资料，在一本书中只占两三页，所以，每找出一本需要的书，在把需要的内容复印下来之后，就要把书籍放回书架上，这样书架才能保持整洁，下一次就不必为了寻找需要的书籍而浪费时间。

5. 把重要的剪贴资料印在统一规格的纸张上。

工作中，有时候需要一些剪贴的资料，如果剪贴资料复印用的纸张大小不统一，整理应用时就会不方便。如果剪贴资料全部统一复印在 A4 纸上，这么一来，不但日后整理容易，而且检索起来也非常方便。

另外，还可以将剪贴资料的印本直接夹进活页夹里存档，不但省去了粘贴的麻烦，也不会有剪贴资料丢失的现象发生，尤其是资料夹成一册，整齐而不占空间，好像一本书一样。

6. 报送出去的文件也要做标题和目录。

为有合作关系的客户送交报告、资料时，一定要在上面附标题和目录，同时也要求下属在呈报任何文件时，都必须标上标题与目录。因为标题和目录能够使人在阅读文件之前，对文件的整体观点与主题，有一个概括性的了解。

有的人认为这样做很麻烦，但是，写上标题和目录后，就能大大缩短他人的工作时间，也能够缩短自己的工作时间，何乐而不为呢？

7. 用不同颜色的活页夹区别不同内容的文件。

保存资料的活页夹有红、蓝、绿等不同颜色，可以利用这些不同颜色的活页夹保存不同的资料，比如用红色活页夹保存业务手册，用蓝色活页夹保存各类报表等等。这样不管活页夹放在哪里，一眼就可以看出文件的内容种类。

8. 把内容固定的文件格式化。

对那些格式统一的文件内容，尽可能使用专用表格，这样一来，既可减少整理文件的时间与精力，也可以将节省出来的时间用于业务工作。

9. 在抽屉中放置小空盒，用于归置小东西。

抽屉中放一些小盒子，在里面放名片、订书钉、胶水等办公物品。记住，不要放私人物品，如男性不宜放打火机、香烟等，女性不宜放化妆品、小镜子、香水等。

10. 圆珠笔之类的文具，要经常保持在 3 支以上。

虽然现在用计算机处理文字的时候比较多一些，但是，用笔书写文字的时候也不少，因此，随身所携带的圆珠笔最好在3支以上。防止文件刚写到一半，突然外出办事而把笔忘在桌上。即使如此，工作也不会中断。回来之后，只要有纸有笔，就能马上继续工作。虽然这件事情很小，但也会影响到工作效率。

　　当然，在工作中节约时间的小窍门不止这些，但只要做个有心人，就能够发现更多节约时间的方法，如果把这些方法都用在工作、生活中，就一定能快速完成工作任务，节省大量的时间。

第九章

有条不紊：调整好自己的工作节奏

　　有时你付出了很多，但却没有对你的生活进行有效控制，那么你的所得仍然非常有限。你应该明白，只有充分控制了自己的生活，才能得到你想要的。不要总是忙忙碌碌，偶尔停下来反思一下，你是否对你的生活进行了有效控制。

形成自己的工作规律

人，有白天型和夜猫子型，杰逊说他大概是属于夜猫子型吧。以前，他也是白天型的人，即使在准备考大学的那段日子里也很少熬夜，而且最少要睡 8 小时，早上很早就起床。而现在，工作使得他变成了一只"夜猫子"。

杰逊变成"夜猫子"的最大理由是为了错开上下班高峰，将时间做最有效的利用。他觉得每天搭电车去律师事务所的路上，什么事都没法做，实在很可惜。假定一个人每周上班 5 天，每天往返需要两小时，一年就要有 400 小时以上的时间耗费在路途上，这 400 小时用来读书或做事，会得到相当好的效果。

另一个理由是和律师工作有关。公司一类的法人机构和律师会谈可以在白天进行，但在公司上班的人却不可以，总觉得会引起公司同事侧目。在公司，"今天要去看医生，请准许早退"比较说得出口，而"要去和律师会面，请准许早退"就说不出口。另外，去见律师的事一般人是不想让别人知道的。所以杰逊若是听到顾客说："六点多再来可以吗？"他一定会说："好的。"

律师经常要准备各种文件，撰写大量的文字材料。律师要为委托人保守秘密，所以工作必须在事务所内做。可是，事务所内整天都有很多恼人的电话打进来，只有在晚上电话较少，因此他就渐渐地变成了"夜猫子"了。

白天型或是夜猫子型都视个人的情况而定。不考虑个别的条件，是无法断定白天型好或是夜猫子型好的。要紧的是"在最适合自己的时间里处理好事"，才会提高效率。

第一，掌握自己最有效率的时间。

一般人的脑力巅峰是在上午9点至下午5点，所以最重要的工作应该配合这个时间来做。然而，并不是每个人都适合这个时间。有的人脑力巅峰是在中午一点到下午6点，也有下午6点到凌晨两点的。

事实上，人在一天之中，头脑最灵活的时间，因人而异。要紧的是自己要找出自己的巅峰在哪里，低潮在哪里，并且好好运用它。

在低潮时，可以做些简单的事，接一下不重要的电话，或是看看报纸；在巅峰时间，就应该去做最重要的事，同时，巅峰时间必须不受到别人打扰。每个人都有这种经验，早上刚醒时，头脑还不很清醒，但过了10分钟或是几小时，头脑就清醒了。头脑尚未清醒的时间就应该拿来洗洗脸，看看报纸，等待头脑清醒的巅峰时间的到来。

第二，生活步调一混乱，脑筋就会变得不灵活。

经常有人说，有重要考试的当天，想早起，只要前一天早上早起就可以了。因为前一天早起，晚上一定会早睡，考试当天就不会睡过头了。但是，我不太赞成这种方法。

这是因为生活步调会受影响。当然，还要看是什么样的考试，若是重要的考试，最好避免用这种方法。虽然这种方法可以早起，但是打乱了生活的步调，恐怕脑筋无法十分灵活。遇到这种情形，应该从考试那天的前一周起，慢慢地改变生活的步调，每天早上提早一点起床，才不会因为生活步调急剧变化，而造成脑筋的不灵活。

在物理学中，有一个"惯性定律"：一切物体在没有受到外力作用的时候，总保持静止状态或匀速直线运动状态。

工作或念书的步调，和直线运动相似。下决心每天早上早点起床念一小时书，这个决心在培养成习惯的过程中，多少会伴随着痛苦。但是，若持续一段日子，每天早上念一小时书会变得理所当然，也不会再觉得痛苦了。

这中间最难的是从静止到运动的刹那，因为此时要有相当大的精神毅力。但是只要付出努力，终究是会看到成果的。可是，若中途泄气的话，那么一切都将前功尽弃。

中途的努力是必须坚持的，就像飞机一旦离开陆地，到了一万米的高空，它不再需要大量起飞时必需的能源也可以持续飞行。但是，上了轨道之后，若说"今天情况特殊"而乱了习惯的话，马上就会完蛋。因为，坠落中的飞机要再次上轨道，必须要有高超的技术和坚强的意志，也就是要有极大的毅力。

让自己有一种成就感

根据心理学的实验证明，一个人如果处于不了解自己工作成绩的情况下，很容易就丧失工作干劲，失去工作热忱。反之，如果能很清楚地知道工作进度与成就，往往能提高工作效率。这个道理，在提升工作效率上绝对是不二法则。

但话说回来，要把工作的成绩化为可以客观确认的数字，有时候的确有困难。学习游泳的成绩，可以根据昨天游 5 米，今天游 8 米的客观数据，很简单地得知成果；但除了一些单词、机械式的工作外，通常很难以客观的数据来显示工作成果，而且是层次愈高的工作愈难以用数字表示。

一个必须花上十几年工夫才能完成的研究工作，它的成绩是一点一滴慢慢地累积成的，换句话说，很难在短期间内获得研究工作成果，而它的工作成果更难以用具体的数字来表示。

由此可知，读书或是工作的成绩计算，不仅关系到具体的量，也牵涉到抽象的质。

尽管如此，计算工作的成果，确实很难把"质"的问题也列入考虑。所以，有时候在不得已的情况下只好割舍掉这一层考虑，单以具体的工作量来衡量了。

另外，在我们的理想目标与实际情况之间，多少会有些差距。譬如，一天预定读书8小时，却由于种种的原因只达到7小时，甚至只有5小时，类似这样的差距，都应逐日记录在你的"进度表"上。

事实上，不论预定的计划有多理想，现实生活里总会出现无法预料的情况，影响计划的完成。现实生活里戏剧性的突发事件虽然不多，但阻挠计划达成的事却不胜枚举。可能是生病，也可能是友人的突然造访，所以，无法达到预期目标的时候，千万不要沮丧、悲观，目标无法达到也没有关系。

但是，却也不能因为"没有关系"，就不尽全力去完成它。为了达到目标所做的努力固然重要，但弥补理想与现实之间的差距所做的作业更是不容忽视。虽然这个差距也许永远无法弥补，但无论如何总是朝目标更前进了一步。

"目标"的重要性并不在于完成，它本是为了提高工作成绩而订的假设。换句话说，设立目标只是完成工作的手段而已。因为没有目标就没有方向，没有尝试的乐趣，也就无法做出任何的成绩来。"目标"是为了避免人性中苟且偷安的弱点所必需的。

眼高手低的空想当然另当别论，如果是一个有实现可能的目标也无法达到，就有必要深究其原因了。因为在理想与现实的差距里，必定潜藏着自己未激发的工作潜能。

譬如，某一位业务员的工作成绩始终不理想，那么他就有必要回顾、检讨一下以往的工作方法。问题可能是出在自己的交涉能力上，也可能出在事前工作的不够周全上。总之，必定是过程中某处有了缺失。如果这位业务员不加以检讨，改进以往工作缺失的话，永远也无法提升工作的成绩。在理想与现实的差距中，不仅可以找出提升工作实绩的潜力，就算工作成果已经很令人满意，也可以让它更臻于完美。总之，在工作完成时再一次检视其过程是绝对有必要的。从检视过程中你可找出客观衡量自我能力的标准。不论工作或是念书，只看到表面所得到的 70 分，却从不去探讨失去另外 30 分的原因是永远无法进步的，只能永远停留在 70 分的程度。

"进度表"，就是方便个人找出目标与实际之间差距的原因的最好资料。愈是凸显差距的存在，就愈能感受到检讨差距原因的重要性。而加强其视觉效果，更有助于早日发现差距的产生。

为了有效地检讨工作上的缺失，最好的方法就是换另一个角度来看问题。有许多时候，你可以借助他人的忠告达到改进的目的。有道是"旁观者清，当局者迷"，别人也许可以提醒你疏忽的地方。

如果没有人可以提供你改进的方法时，就必须自己积极地寻求突破才行。这时，你得尝试换个角度来看事情。这就像写文章一样，在完成之际，要换个角度检视一下是否前面是口语体，后面是文章体，是否有前后不一致的情形，或是文章有没有涉及人身攻击、有没有错别字、文章格式是否一致等等。如果能再三检讨的话，就可以使文章更臻完美。

养成有系统的习惯

据统计，一般公司职员每年要把 6 周时间浪费在寻找乱堆乱放的东西上面。这意味着，每年因不整洁和无条理的习惯，就要浪费近 13% 的工作时间！

养成有条理的习惯，还有另一层意思，就是寻找自己的"生理节奏"。

时间用得不适当很少是只涉及某一特定事件，它通常是一种根深蒂固的行为模式的一部分。要向好的方面改变，就必须常常和多年养成的某种习惯搏斗一番。

改变行为模式有两种方法：一种是强迫自己遵循新的行为模式，直到这种模式生根为止；另一种是利用奖励办法来逐渐"形成"一种新的行为。

如果你要彻底改变你的行为模式，使你能够正确地评估出你的进度。你或许要运用"厌恶"的办法，但是这个办法会产生不愉快的作用。

对我们大多数人来说，要认识的重要一点是：任何事后可以使我们感到愉快的行为，往往会鼓励我们努力去做，而且更可能会再度去做。你可以从别人那里得到鼓励，但是你也可以给自己某种奖赏来鼓励自己。例如，为你完成（或开始、坚持）一项困难或冗长乏味的工作；继续去做一项优先工作，而不闪避它去做次优先的工作；着手去做一项不愉快的工作；拒绝一项不重要而且又会耗费时间的要求等等。这种奖赏可能微不足道，但只要能使你觉得愉快就行了。它可以是实物——一片口香糖、一杯水、一些点心。它也可以是允许你自己去做某一件事情——休息一会儿、早一点下班或买一双鞋子等等。它也可以是在你每次向正确方向走一小步的时候，在你心中的自我抚慰等等。

在棒球比赛里，胜利不是取决于安打数目，而是取决于跑回本垒的次数。只跑到三垒，并不能因为跑了四分之三的路程而得分。

工作也是这样。能够开始当然很好，继续做下去也不错，但是不到完成，你就不算做了你开始做的事情。很多人有一种把一件工作"做了一会儿"，然后又放在一边的习惯，还欺骗自己已经完成得很不错了，实际上却是典型的"烂尾楼"而已。

当然，如果工作范围太大而不能一次做完，这项建议就不适用。那你该怎么办呢？

很简单，用"各个击破"法，把这件工作分为许多小而可以掌握的工作（最好用文字写出来），然后指定你自己把一项小工作完成之后才停下来。那么，在你把这种工作放在一边的时候，就不会觉得留下太多的紊乱头绪，而会觉得完成了这件工作的一个阶段，而且随时都可以再做下一步小工作。

例如，你有一份很长的报告要写，你要避免"一次只做一个小时左右"的安排，而要指定你自己先写好大纲，或做好调查研究，或写下引言。做好了这一步，你把它放在一边就可以有完成某一件特定事情的感觉，并且清楚地知道你下一步该做什么。下一次再做的时候，你就不需要再重新去理出头绪，也就不会有心理障碍。

把工作分成许多小工作去做，你就会养成所谓的"强制去完成"的良好习惯。这会为你每天省下很多时间。

如果拖延是你的问题，那你就不能再拖延着不去做了。

意大利腊肠在切开之前的样子非常笨重，而且看起来令人倒胃口。但是把它切成薄片以后，看起来就不一样了。切了以后，你就可以处理它了，也就是可以用你的牙齿大嚼一番。

例如，有一个电话你应该打，你已经拖延很久，而且这个电话是可能会令你不愉快的电话。在这种状况之下，"意大利腊肠切片法"可能会是这样：

1. 查出电话号码，并且写下来；

2. 定出一个打通电话的时间；

3. 拿出档案看看这通电话所涉及的究竟是怎么一回事；

4. 决定你确实要说些什么；

5. 打这通电话。

另外，一件大工作，"片段"的数目可能会很多，那么列出一份工作分段表吧。要诀是使每一件小工作简化便捷到可以在几分钟之内做好。然后在交谈与交谈之间，或在等电话的几分钟，解决一两项"立即可以做好"的小工作。没有这张工作分段表，你可能永远不会着手去做这件大工作。

请记住：这件大工作的第一片段——第一件可以立刻做好的小工作——就是用"文字"列出这件大工作所涉及的许多小步骤。

"各个击破"的原则不止可以用在作战之中，也可以用在工作方面。

只要动点脑筋，任何事都可以迎刃而解。

还有一种是基于认识到我们不能立刻采取行动，并不是因为这件工作有什么特别的困难，而是我们已经养成了拖延的习惯所产生的解决问题的方法。拖延很少有特定原因，它是一种根深蒂固的行为模式。如果我们能够改变思考习惯，这种问题往往也能迎刃而解。

对很多人来说，要改变一种根深蒂固的习惯，会是一件痛苦的事。他们已经努力过好多次，完全利用意志力量——新年的新决心，来改变习惯，但是都失败了。其实这并没有那么困难，只要你用对方法。

中国剑谱上有只有按自己的节奏方法，才能取得主动的策略。那么，我们工作中也只有了解自己的"生理节奏"，才能让我们的工作做得更好。所谓"生理节奏"，就是了解你在一月、一天当中，什么时候精力最充沛，脑子最清爽。就像我们前面把人分为"百灵鸟型"和"夜猫子型"一样。"百灵鸟"是早晨最活跃，而"夜猫子"则是夜晚更来劲。

每个人都有自己的生理节奏，符合它便事半功倍，否则必然事倍功半。

将生活与工作融合

有许多人工作勤奋，却不能充分地掌握自己的命运。他们常常走入的一个误区是忽视了对自己生活的真正控制。

人生好比一张白纸，你可以在白纸上用不同的色彩描画你未来的蓝图。但是，如果你呆呆地犹豫不决地画，你手中的画笔就会被人抢走，在你的白纸上涂画些什么。于是你的职业、你的收入、你的住所，甚至你一生的命运也就被别人决定了。这里所说的别人就是你的父母、你的老师、你的朋友、你的上司以及和你有联系的人以及许多未谋面的人。其实，我们大可不必把自己的命运交给别人来决定。现在有所成就并过着幸福生活的人们，没有一个不是努力开拓支配自己的命运的。

有时你付出了很多，但却没有对你的生活实施有效的控制，那么你的所得仍然非常有限。应该明白，只有你充分控制了自己的生活，你才能得到你想要的。不要总是忙忙碌碌，停下来反思一下，你是否对你的生活进行了有效的控制。

　　你今天能积极思考，你就能改变你明天的命运。要想成功，就必须有想成功的心。这是千真万确的真理。因为思想产生行动。我们首先要有某种思想，然后才能把它付诸实行。你认为你是什么样的人，你就成了什么样的人。只要你能控制自己的思想，你就能控制自己的行动。

　　更为重要的一点是，我们不仅有思想，而且能支配自己的思想。我们可以决定自己脑子里的东西，能够舍弃无用的思想，能够创造积极的、充满活力的、追求成功的思想。愈是有积极向往成功的思想，你的进步愈是迅速。

　　今天，一切事情都可以以时间为标准来计量，价值以劳动量计算。可是，人却不同。我们不能以人数的增加来使劳动时间增加。我们能够用于思考的时间是有限的。一天最多也就24小时，再有办法的人也无法获得更多的思考时间。如果我们想早日获得成功，就丝毫也不能浪费宝贵的思考时间。

　　一个常常自寻烦恼的人，经常会懊悔自己以前所遭遇的挫折和失败。无形中，他宝贵的时间也就被他在唉声叹气中不知不觉地浪费了。失败不是百分之百的不好，我们可以从失败中吸取教训。人本来就要在一生中经历许多失败。但重要的是，从失败中吸取了教训之后，就不要再犯相同的错误。

　　我们许多工作勤奋的人正在为遥远的将来而寝食难安：不好，我就要被革职了；我的薪水不涨可别人却获加薪了；一个月后公司又要进新人了……有这种毛病的人，最好尽快改正。因为遥远的未来究竟会怎样，我们谁也不晓得，再怎么多虑，也无补于现在。你只不过是在蚕食你宝贵的思考时间而已。

　　未来如何，主要是依赖于你今天的努力。今天的努力，又依赖于今天切实的思想，切实的工作。不要让多余的胆怯在你的心上投下阴影，你才能专心工作，追求未来的成功。人生是创造性的，不要有对抗别人的意识存在，只要追求属于自己的那份成功就可以了。

一个人除非先控制了自己，否则将无法控制别人。自制不仅仅是人的一种美德，在一个人成功的过程中，自制也可助其一臂之力，因为只有自制才能出色，才能更好地适应现实。

我们通常爱说"做自己的主人"，但到底怎么做，却又困惑着很多人。有一条必须承认：成大事者都是真正做自己的主人的人，他们都走在自己拯救自己的道路上。只有自我控制的人，才不会对周围充满恐惧，也只有能自我控制的人，才不会在青年时期浪费掉大量光阴而不为事业去奋斗。自我控制对人的一生有着难以估量的作用。

一个身处逆境却依旧能含笑的人，要比一陷入困境就立即崩溃的人获益更多。处逆境而乐观的人，才具有获得成功的潜质。有好多人往往一处逆境，便立刻会感到沮丧，因为他们深恐达不到他们的目的。

阻碍人类成功最坏的敌人，便是思想的不健康，便是以沮丧的心情来怀疑自己的生命。其实，生命中的一切事情，全靠我们的勇气，全靠我们对自己的信仰，全靠我们对自己有一个乐观的态度。唯有如此，方能成功。然而一般人处于逆境的时候，或是碰到沮丧的事情之时，或是处于充满凶险的境地时，他们往往会让恐惧、怀疑、失望的思想来捣乱，丧失了自己的意志，使自己多年以来的计划毁于一旦。有很多人如同从井底向上爬的青蛙，辛辛苦苦向上爬，但是一旦失足，就前功尽弃。这样平时再勤奋有什么用呢？这种时候是最考验一个人自我控制能力的。

一个在思想心智上训练有素的人，能够做到在几分钟内就从忧愁的思想中解脱出来。但是大多数人的通病是：不能排除忧愁去接受快乐；不能消除悲观去接受乐观。他们把心灵的大门紧紧地封闭起来，虽然费力在那里挣扎，却没有什么成效。

人在忧郁沮丧的时候，要尽量改换自己的环境。无论发生什么事情，你对使自己痛苦的问题，不要过多考虑，不要让它再占据你的心灵，而要尽力想着最快乐的事情。对待他人，也要表现出最仁慈、最亲爱的态度，说出最和善、最快乐的话，要努力以快乐的情绪去感染你周围的人。这样做以后，思想上黑暗的影子，必将离你而去，而那快乐的阳光将照亮你的一生。

有所创造的人，有极大成就的人，都是善于自我控制的人。他们的心智、精神和目标能够达到协调一致，而内心混乱的人一定会失败，因为他们不能集中他们的注意力，于是一切似乎都远离他们而去。他们不够坚定，他们方向模糊，他们的冲击力必然不足。

一个人必须要首先能控制自己，然后他的为人处世的每一个因素才能够协调一致地运作，发挥出最大功效，然后才能成功。

你要控制你生活中的哪些方面呢？要从生活中得到你所要的东西，你首先要控制你努力的方向。还有，要知道你想做什么、你做什么最好也极为重要。这是集中精力和组织起来的一部分。对这一切还必须加上深深的欲念，一种驱策力，愿意去工作，永不放弃。而不要以为只要你工作的时间比别人长，你比别人干得更累，就能得到更多的回报。生活中，我们常见到那些不能控制自己脾气的人，他们总是使人难堪、窘迫，甚至伤害了别人的自尊心、自信心，这是一种对人对己都非常有害的性格。

每个人都应当积极进取、奋发有为，努力提升自己的生活品位，使自己从常人中脱颖而出，成为一个有价值的人。但是，如果他不能自律，不能有效地控制自己的情绪，成为自己命运的主人，他就做不到这一点。如果他不能自控，就根本别想管好别人，把握住局面。

保持情绪的沉稳平静对人的一生是非常重要的。"镇定"的人一定比那些容易激动、过分急功近利、匆忙如蜜蜂的人更能够享受生活。

马卡斯·奥里欧斯曾说："不要因为事情的变化而使你烦恼易怒，它们不会注意到你的烦恼激怒。"还有，"为生活中所发生的任何事而惊骇是多么的滑稽可笑"。不要烦躁，不要发怒。要运用你的幽默感，不要把事情看得太严重，静待事情的过去，因为没有一样事情会永远不过去的。

林肯总统有一个良好的习惯，他总在自己书桌的一角保存着最近发表的幽默故事。而每当疲劳、厌倦或者沮丧的时候，他就拿起这些故事，读上一两篇，他的疲惫和困倦就能得到很大的缓解，这也会给他带来更愉快的心情。

镇静、安详、温文，不要让任何事物激怒你，不要让任何事物扰乱你，来什么就安然接受什么，以镇静的态度处之。要过成功的生活，这些都极为重要。只有具有这样高度自我控制能力的人才能够具有理性的思考能力，并且可以战胜紧张和压抑。然后不论有什么事情落到他头上，他内心的镇定和平静都可以把事情理出个头绪，而且把事情做好。

这也是工作的效果问题。勤奋的人最应关注的，是你的工作怎样才能达到理想的效果，而不是你付出了多少。因为付出和回报不一定完全成正比。

凡事标准化

你必须将成长速度加快，才能赚大钱。

你必须大量复制快速成长经验，才能长大。

你必须将快速成长经验标准化，才能成功地复制成长流程。

假如今天只有你会做，无法让别人学会，或者即使学会，也无法让别人跟你做出类似的结果，光靠你自己一个人，量是大不起来的。

所以，将经验总结出来后，使流程标准化，让每个人都可以掌握你的经验，这是非常重要的。

不相信你就去看看，每一家麦当劳与肯德基的食品、可乐、吸管、制服、服务方式、装修、菜单，有没有标准化呢？

在两家不同的麦当劳餐厅，我们几乎分辨不出来我们点的汉堡到底有什么差别。

但是，中餐的厨师今天做的菜可能咸，明天做的菜可能淡，这是由厨师自己掌握菜的口味，根本没有标准化。

你要把所有能标准化的工作全都标准化，然后让每个人都必须按照这个标准做，你不在场，大家也不会出错，不用你亲自监督，工作也能自动化。

每一个人一旦都会按照操作的标准去做，这样就可以批量生产了。这绝对是快速成长的秘诀，任何一个顶尖人物和公司都是这样做的。

当你将工作内容标准化之后，就要立即找出一套可以复制的流程，就是系统化。

每个成功的人都有一套系统在帮他成功，每个赚钱的人也都有一套系统在帮他赚钱。麦当劳有一套系统分布在许多国家或城市，它把这套系统复制给每个人。由标准化组成一个工作流程，形成一个系统。当你有一个系统后，每一次重复这系统，制造出的产品质量相同，就可以品质优良。

演讲有一套演讲系统，推广有一套推广系统，开发市场有一套系统，训练人才也有一套系统。系统愈完善，成长愈轻松。即使你不是企业家，你也应该做事有系统，生活有系统，这样才有效率。

凡事标准化、系统化。大量复制流程，产量自然扩大，钱自然多赚，成长必然快速。

养成好的工作习惯

有这样一个故事。一个穷人碰巧得到了一本从亚历山大帝
国图书馆中流失出的书。打开一看，在这本书里藏着一样非常
有趣的东西—— 一张薄薄的羊皮纸，上面写着点物成金的秘密。
讲的是有一块小圆石头能把任何普通金属变成纯金。羊皮纸上
记载着：这块奇石在黑海岸边可以找到，它与千千万万的石头
在外观上没有什么两样，找到它的唯一方法是靠触觉——普通
石头摸起来是凉的，它却是温的。于是这个穷人变卖了所有的
家当，怀着发财的梦想，带着简单的行囊，露宿黑海岸边，开
始摸石头，为了避免重复摸石头，他每捡一块石头就丢到海里
去，就这样一天天一年年地过去了，他仍然坚持着。突然有一天，
他捡到一块石头是温的，但他竟然习惯性地把它扔到了大海里。
因为这个动作太根深蒂固了，早已成了习惯，而由于习惯，下
意识地把它扔掉了，从而使多年的等待与梦想成为泡影。

实际上你的习惯影响了你做事的成功与失败。

有些人做每一件事，都能选定目标、全力以赴；另外一种
人则习惯随波逐流，凡事碰运气。不论你是哪种人，一旦养成
习惯，要想改变就不容易了。这种情形我们称之为"惯性"，
是宇宙共同的法则。

习惯束缚着我们每一个人。习惯是由一再重复的思想和行
为所形成的。因此，只要能够掌握思想，养成良好的习惯，我
们就可以掌握自己的命运。每一个人都可以做得到，养成良好
习惯，就可以取代原来不良的习惯。

习惯的作用不足为奇，也不会无中生有，更不是一成不变。但是它的确会帮助，甚至强迫一个人追求目标，将思想付诸行动。

养成能让你成功的好习惯，一心一意地专注于你想要追求的目标，等到时机成熟时，这些新的思考习惯将为你带来预期的名声与财富。

当然，除了好习惯之外，坏习惯难免也会存在的，坏习惯常常是失败的罪魁祸首。正是因为习惯在不经意间作用于我们生活的点点滴滴，所以坏习惯往往会成为大事的绊脚石——尤其对于意志不坚强的人，坏习惯往往会成为一个不良的主宰，统治及强迫人们违背他们的意志。

不良的习惯会使你失去你所期待的"石头"，使你对机遇视而不见，阻碍你开发自己的潜能，它甚至会使你精神紧张乃至崩溃。有一位大公司的高级主管，常常觉得自己充满了紧张、焦虑和闷闷不乐，他知道自己状态不佳，却又无法停下来，于是向心理医生求助。心理医生帮他找到了原因，原来他有一种"没有止境，做不完又必须做"的感觉，而这又归因于他做事拖拉的坏习惯。这位高级主管有两间办公室，3张办公桌，到处堆满了有待处理的文件——他常常由于一时的惰性，而把报告等留到"待会儿再处理"。这样他的办公桌上不久就堆满了待复信件、报告、备忘录等。更为严重的是，一个时常担忧万事待办却又无暇办理的人，不仅会感到紧张劳累，而且会引发高血压、心脏病和溃疡。

解决拖拉的办法是克制自己的惰性，养成"现在就干"的好习惯。他们缺的是顽强的毅力——改掉坏习惯的意志力。在接受心理医生的咨询后，那位高级主管请医生去他办公室参观。医生看到，他改变了——当然桌子也变了，他打开抽屉，里面没有任何待办文件。"六个星期以前，我有两间办公室，三张办公桌。"这位主管说道，"到处堆满了有待处理的文件。直到跟你谈过之后，我一回来就清除了一货车的报告和旧文件。

现在，我只留下一张办公桌，文件一来便当即处理妥当，不会再有堆积如山的待办文件让我紧张烦忧。更奇怪的是，我已不药自愈，再不觉得身体有什么毛病了。"

好的习惯对于你的事业、你的成功来说是一个好的推动，反之，坏习惯却在你的成功之路上铺满钉子。

人是有惯性的。就如同一张纸，一旦以某种方式折起来，下一次它还会按照相同的折线被折起；或是衣服、手套等会因为使用者的使用，而形成某些褶痕，这些褶痕一旦形成，就会长时间存在。人在习惯上也是这样，它因为重复而被形成，一旦形成就会如衣服或手套的褶皱一样难以改变。习惯是后天养成的，并由重复或练习而巩固下来，在你有意识或无意识时都会自动地、轻而易举地表现出来。

现在开始培养你的好的工作习惯吧。记住：按事情的主次程度来做事。

当你碰到问题时如果必须做决定，就当场解决，不要迟疑不决。

摒弃那些坏的工作习惯

习惯在说："我不是你的影子，但我与你亲密无间。成功和失败，对我毫无差异。培训我，我会为你赢得世界。放纵我，我会毁掉你终生。"日积月累，很多坏习惯就会深入你的潜意识中，要想成大事，就必须有信心、有力量去改变它。

问问自己有没有这样一些习惯：

不能按时完成各种事情，而总想拖上一拖；

办公桌上乱七八糟；

做事不分轻重缓急；

不等别人把话说完，就打断别人的话而急着插嘴；

花费太多时间在对工作没有意义的事上。

或者你还有一些其他的坏习惯，先在脑海把它们找出来，然后拿出笔和纸，把那些阻碍你快乐和成大事的不良习惯一一记下。再想一想它们在你心理上留下了什么？它们给你的现实带来了什么？

改掉坏习惯确实很难，因为就如河流很难改变天长日久而形成的河道一样，习惯是你心灵的河道，一旦形成很难改道，但并不是不可能做到。如果你有足够坚强的意志力，并采取简单有效的措施，你就可以开辟新的心灵河道——用新的好习惯代替原有的坏习惯。

首先你要明白什么是自我暗示。所谓自我暗示，就是对自己说你现在想成为什么样的人。自我暗示就像对自己做关于自己的广告。自我暗示既影响你的意识，又影响你的潜意识，并进一步影响你的态度和行为。

自我暗示是设定潜意识心理活动的一种方式，它可以是积极的，也可以是消极的。

如果我们反复进行积极的自我暗示，我们的潜意识就会相信它，它就会成为我们要实现的预期目标，并且会在我们的行为中反映出来。

通过自我约束把一件已经开始的事情坚持下去，这是很有必要的。自我暗示是塑造性格的一个强有力的工具。

用现在时态列一份自我暗示的一览表。

每天至少进行两次自我暗示：把它当成每天早上的第一件事和晚上的最后一件事来做，因为在早上头脑最清醒、最有接受力，而晚上你可以把积极的图像一整夜都储存在潜意识中。

连续不断地进行自我暗示，直到变成习惯。

仅有自我暗示是不够的，还需要把自我暗示视觉化。视觉化是指把你想拥有的东西、想做的事情或你想要成为的那种人制成心理图像并加以观察的过程。视觉化和自我暗示是联系在一起的，不经过视觉化的自我暗示只是一种机械性重复，不会产生什么效果。若要产生效果，自我暗示必须有情绪和情感相伴随（即视觉化）。

注意！由于同已有的想法相背离，前一些的自我暗示也许不被心理所接受。例如，过去的几十年里我一直觉得自己的记忆力很差，现在我突然对自己说："我的记忆力很棒！"我的心理会对这种暗示予以排斥，心理说："你撒谎，你的记忆力糟透了！"因为这是长期以来我对自己的记忆力的判断。所以，我需要用一段时间来消除这种想法。记住，即使只是一点小毛病，它也算是一种坏习惯。从现在开始，尝试改变它们。

写下你希望加以改善的习惯。

写下你最渴望达到的目标。

注重事情结果，不在乎其具体的过程。预先设想最后的情景可以激发你的上进心，因为事情的过程往往不会很令人愉快。花几分钟的时间，将你所有的目标写下来。

每一个大的目标都是由一个个具体而细小的环节组成的，请写下你的这些小目标。

将那些因你的坏习惯而滋生的坏处写下来。

写下你的好习惯带给你的好处。

适当夸大效果。

如果你以往的思考十分混乱，就让自己的思维变得有条有理。如果你开会经常迟到，那就连续3个星期特别早到。如果你做事情有拖延的习惯，那下次就赶在期限之前完成工作，如果你做事不够果断，那就果断一些。一般人都有惰性，因此，假如你能够很好地管制时间，必定能调整好时间的分配。

第十章

休息之道：调整好自己的生活节奏

在当今职场中，一个成功的人是会合理安排时间，注意有张有弛的。他们注重各种形式的锻炼，以保持旺盛的精力去应对艰巨的工作；他们也注意给自己留出与家人共享天伦之乐的时间。可以说这才是一个现代人健康的生活方式。

形成自己的生活节奏

生活好比一首交响乐曲，有快慢、强弱、张弛等交替出现的旋律，它在一定程度上反映了人们的生活方式和精神面貌。有的人无论干什么都是手脚利索，效率极高；有的人则慢吞吞、磨磨蹭蹭，效率很差。犹如音乐中的节拍，前者一个八分音符唱半拍，后者一个四分音符唱一拍，前者比后者快一倍。由此推而广之，人们如果能把起床穿衣、洗脸漱口、吃饭走路等全部生活节奏都由原来的"四分音符"变为"八分音符"，那么，人们要多做多少工作呢！

现在世界已经进入信息时代。信息，离开了"快"，其价值就不免七折八扣，甚至等于零。市场上，一个信息获得的早迟，可能使一些企业财运亨通或倒闭破产。科学技术上一个新发现或发明公布的先后，可能影响到首创权或者专利的归属。

快节奏工作的第一法则是具备工作的动力。懂得如何去激发它、如何去集中地使用它固然重要，但首先必须具备它。

控制时间过剩。英国社会学家巴金生在《巴金生定律》一书中指出，如果高级科技人员时间过剩，就会使他们产生不信任感，以致去开拓那些有害的产品消耗时间来愚弄自己，或者成为一个干什么都慢吞吞的慢性子。但时间过剩并不可怕，它的产生是正常的，因为任何人对于时间的需求绝不可能是始终如一的。关键在于控制时间过剩并及时地使它向有利的方面转化。

养成习惯，始终不要懈怠。一个伟大的哲学家说过："习惯真是一种顽强而巨大的力量，它可以主宰人生。"人的心理规律是这样的，在新的条件反射形成的暂时神经联系"定型"之前，总是不稳定的；而旧的条件反射形成的神经联系"定型"在彻底瓦解之前，又总具有某种回归的本能。正如鲁姆士所说："每一回破例，就像你辛辛苦苦绕起来的一团线掉下地一样，一回滑手所放松的线，比你许多回才能绕上去的还要多。"所以快节奏习惯在形成之前，不能有丝毫懈怠。

常敲警钟，推动工作。一些时间研究专家，指导人们常做这样的假设：如果我现在知道 6 个月后我会突然失去学习和工作的能力，在这之前我该以怎样的速度工作；每天的生活都当成自己第二天就要死亡那样安排。著名女学者海伦·凯勒，自幼因猩红热瞎了眼睛聋了耳朵，她在一篇《假如给我三天光明》的文章中，向认为来日方长、不珍惜今天的光阴而饱食终日、无所事事的庸碌之辈敲响了警钟。作者机智地设问："假如你只有三天的光明，你将如何使用你的眼睛？"用这样的问题启发人们去思考，呼唤人们快节奏地工作，把活着的每天都看作是生命的最后一天，以便充分地显示生命的价值。

良好的休息才能提高效率

有很多人，总是强迫自己无休止地工作，他们对工作沉迷上瘾，正如人们会对酒精沉迷上瘾一样。他们被称之为工作狂。他们拒绝休假，公文包里塞满了要办的公文。如果要让他们停下来休息片刻，他们会认为纯粹是浪费时间。这些人都成功了吗？没有，他们中很多人不但没有成功，反而使自己身心交瘁，有的甚至疏远了亲人，造成家庭破裂。

确实，事业的成功是很重要的，但如果为此牺牲了健康和家庭，也是很遗憾的。在一天的工作之后，人在心理和体力两方面都需要摆脱一下工作。如果经常将公文包带回家继续挑灯夜战，其结果是越来越没有精力在白天处理好事务，而且也会减低在办公室里把工作做完的冲劲，因为他会想："如果白天做不完，我可以在晚上继续。"久而久之，就会养成一种拖延的毛病。

因此，"班上事，班上毕"。除非有紧急的事务，不然，就不必把工作带回家。你将享有一段舒适的晚间休息时间和一晚上与家人同乐的美好时光，这将是一件非常美妙的事情！

调节不一定需要休息，从脑力劳动转换去做几分钟体力劳动，从坐姿变为站姿，绕着办公室走一两圈，都可以迅速恢复精力。

另一方面人类的心灵需要安静、独处与平和的时间，以利于忘记竞争的压力。因此，不妨在自己繁忙的时间表上，安排几分钟或十几分钟静坐默想的时间，以获得内心的平静，让自己摆脱竞争的忙碌和工作的压力，退一步向前看看自己究竟在做什么。

另外，小睡也是一种有效的休息和恢复精力的方法。小睡与正常睡眠不矛盾，它因人而异，有时打个盹儿就能起到作用。通常正常的睡眠以能恢复体力即可，不可贪睡；而白天的小睡则是一种既不多占时间又是有效地恢复体力的休息方法。

一般公司的上班时间，如果包含午休的一个小时的话，通常都有8个小时。所以8点钟上班的公司，办公时间大概就是：上午3小时，下午4小时。

相信许多人都有同样的经验，上午的3个小时还没有什么问题，下午便常常感到疲劳。开始感到倦怠，工作的效率便会降低，这种时候最需要的就是适度的休息恢复精神。

我们很赞同适度的休息，而且认为：不论面对如何紧要的工作，一旦发现自己疲倦了就应该停下来休息休息，让紧张的身心得到放松的机会。因为，若明知自己的体力极限已至，却还勉强自己继续工作，除了会陷入工作的低潮之外，对自己一无益处。天下再没有比这更蠢的事了。

休息是为了走更远的路，我们主张疲惫的时候稍做休息。但是休息也绝不是要你放肆地放松自己。依据经验，坐办公室的人在工作中感到疲劳的时候，只需要停下来稍稍活动一下筋骨就可以了。在走廊散散步、做些简单的体操，等等，如果情况不允许的话，甚至只要在原地伸伸懒腰、打打呵欠也足够了。不过有些工作的确是不方便当场伸懒腰、打呵欠的。在这种情况下，你不妨到洗手间，舒舒服服地伸个大懒腰、打个大呵欠，甚至洗把脸。

我们称这种为保持工作效率所做的休息为"积极的休息"。之所以将它冠上"积极的"3个字，是因为它有别于单纯的休息，它是在保持工作效率的大前提下所做的暂停。这样的休息必能在最短的时间内达到最大的效果。因为，办公过程中是不可能长时间歇息的。

一般而言，事务性的工作会令人感到疲倦，大概是因为长时间保持同一姿势，使得血液的循环不良，导致筋肉疲惫所致。因此，如果你是一直保持着前屈姿势的话，那么在休息时可以做一些反方向的动作，使受压迫部位的血液得以畅通，让过度使用的筋肉得以舒展。我们虽然不是生理学家，无法做出立论确凿的说明，但就很多人的经验而言，这些动作的确很有效。

疲倦的感觉是身体自然反映出来的警示讯息，一定是身体某部位有了超负荷，所以提醒你"不妙喽！"如果这时你还是视若无睹、我行我素地工作，将进一步增加身体的负担。所以，一旦出现了警示讯息，最好停下来，让负担过重的部位恢复功能才是明智之举。

　　把"积极的休息"的时间定为 3 分钟，虽然没有什么生理学上的证明，但确有一些现实的根据。因为 3 分钟正好是许多事情的最小段落，一个电话、拳击比赛一回合、单曲小唱片一张的时间……都是以 3 分钟为一个单位的，所以我们认为，3 分钟应该也是让紧张的精神恢复弹性最妥当的时间。如果休息超过了 3 分钟，可能因中止的时间太长而无法立即继续先前的工作，这么一来休息反而降低了工作效率。所以，休息 3 分钟为宜。

　　至于这 3 分钟的使用方法，可就因人而异了。为了使疲劳的身心得到休息，你可以做运动、听音乐，也可以欣赏自己喜欢的画家的作品……不过，在办公室里听音乐、欣赏绘画似乎不太合适，所以还是以活动筋骨的方式最佳。当然，只要自觉达到休息的效果，两分钟或是两分半钟也是可以的。

　　此外，并非做每件事情都得"休息三分钟"不可。只要觉得身心仍在最佳状况，一点儿也不疲劳的话，一鼓作气完成工作是最好不过的了。如果硬性规定每工作一小时就要休息，恐怕就会把正在进入情况的工作打断，不仅无法提高工作效率，而且还降低了工作效率。如果你手边的工作正进入状态，最好在它告一段落之后再休息。因为，如果无视最终工作进行的情况，只为了休息而刻意中断工作，就适得其反了。

　　其实，工作就是一连串精神与体力的消耗，既然是一种消耗，一定有其负面效果。同样的道理，生活也必须有张有弛才能保持工作的活力。而"家"，正是一个人在忙碌的工作之后最好的身心缓和场所。

　　不过，要求一走出工作场所就必须把工作完全抛到脑后，的确有些困难。许多人习惯回到家里还要谈些工作上的事情，如果是聊些工作上的成就，倒是有助于全家团聚的快乐气氛。若回到家里还要唠叨些工作的内容，就委实不妥。

制订休息时间表

在生活中，有的人为了做更多的工作，尽量减少自己的睡眠时间，这种做法非常不科学。睡眠时间过少，就会影响健康，所以，每天要有充足的睡眠，才能有充沛的精力工作。

因此，必须为自己制订一个休息时间表，并严格执行，这是保证旺盛精力的前提。

一般情况下，人们都把一天的 24 小时分成 3 个时间段：8 小时工作，8 小时休闲（交通、娱乐、餐饮等），8 小时睡眠。但是，很多人没有按照 3 个时间段的要求合理安排时间。结果是：工作占用了休闲时间，休闲占用了睡眠时间，睡眠又占用了工作时间，如此反复颠倒、循环，导致自己的工作和生活变得一团糟。

以下是帮助高效安排时间的几点建议：

1. 到了就餐时间，立即放下工作（特殊情况除外）去就餐。不要养成就餐时边吃边处理文件或边吃边处理琐事的习惯。

2. 该休闲的时候就休闲，不要总是把工作和休闲混为一团。

3. 该睡觉的时候就睡觉，不要让非睡眠活动占用睡眠时间，使个人的健康、精力受损害。

4. 在工作时间内，应该全力以赴工作。工作时间利用得好坏是衡量一个人是否成功的标准之一。因此，在工作时间内，切忌浪费时间，也尽量避免别人浪费自己的时间。

5. 星期日应尽量睡足 8 小时，以充实体力，这样就不会染上"星期一恐惧症"。因为星期日休息充分，就可以生龙活虎地迎接下一周的挑战。

科学管理睡眠时间

睡眠占人生命的三分之一，活到 90 岁，将有 30 年的睡眠时间。良好的睡眠，是重要的生理、心理、社会感知度健康的基础。

为引起人们对睡眠重要性和睡眠质量的关注，国际精神卫生组织于 2001 年发起了一项全球睡眠和健康计划，并将每年 3 月 21 日定为"世界睡眠日"。

但是，在职场人士中，有很大一部分人不重视睡眠，他们的理由是工作忙，忙得没有时间吃饭、休息。很多人都有这样的经历：一连忙碌了 5 天后，周六、周日睡他个昏天黑地，自以为把"缺的觉"都补回来了，可是，往往周一一上班更感觉困倦。睡眠问题的专家认为，这种"周末睡眠综合征"正是警告人们：周一至周五睡得太少了。

专家认为，不少人由于工作忙碌或者娱乐应酬过多，睡眠时间明显不足。平时睡得少，双休日就补觉，这种做法会影响睡眠规律，导致周一感觉特别困倦、劳累，出现失眠等各种病症。

为什么补觉后星期一上班更困倦？这是因为，每天醒的过程越长，人越感觉困倦，所以，周六、周日因为补觉而晚起，醒的过程变短了，星期一突然拉长醒的过程，就会感觉困倦。

这种现象提醒人们，如果有"周末睡眠综合征"，首先是睡眠不足，显然不是双休日延长睡眠时间就能解决的，而是平时就应该多睡一会儿。

有人会说，我平时工作实在太忙，双休日补觉很正常。其实，这并不是科学的方法。如果实在想补，可以在周六适当多睡一会儿，周日要尽量接近平时上班时的作息规律。那么，怎样才能保证自己的有效睡眠呢？

1. 培养良好生活习惯。

健康专家认为，熬夜过多、晚上过度饮酒等不良生活习惯，会严重影响睡眠质量，而良好的睡眠不能依赖药物，需要科学管理睡眠，养成良好的生活习惯。

A君是某公司的销售主管，因为工作原因，经常陪客户熬夜打麻将，周末白天睡觉晚上却睡不着，为此到医院求助。另外有一位B君，他是一家物流公司的经理，为了联系业务几乎每晚陪客人喝酒，晚上常常在睡梦中饿醒，之后出现失眠症状，只能依赖安眠药改善睡眠。

显然，A君和B君都没有管理好自己的睡眠时间，如果他们不调整作息时间，身体就难以恢复健康，睡眠质量自然一降再降，久而久之必然影响健康和工作。

2. 努力做到早睡早起。

小梅是某公司经理秘书，白天工作很多，晚上睡眠很不好，经常是凌晨两点以后才能入睡，而且睡得不踏实，易醒、多梦。

有关专家认为，像小梅这样的情况就属于"晚睡强迫症"，它是睡眠障碍中的一种。晚睡强迫症是强迫性神经功能障碍的一个分支，患有此症的人，总被一种强迫思维所困扰，对于睡眠有着恐惧感或强烈的睡前兴奋，这类人在生活中反复出现不睡的强迫观念及行为，或伴有某种焦虑，无法摆脱神经兴奋状态，最终导致无法入睡。

这类人常是凌晨两三点后才睡，晚上回家后困倦变成了亢奋，于是上网看小说、看电视连续剧，心里总想着"看完这集就睡觉"，结果总食言。很多事情明明可以白天做，却非要留到半夜再做，认为深夜的"灵感爆发度"最强。

放松、发送按时睡觉的指令、自我催眠等，都是简单易行又安全的心理自救方式，它能培养自我调控能力。当然，如果学会主动调节对抗强迫症，对管理睡眠时间效果更好，可选择某些特定行为取代强迫性不睡，如喝杯热牛奶、洗个热水澡等，这些都可以帮助自己早点入眠。

3. 如果失眠，切忌盲目用药。

小王是某图书公司的编辑，由于负责一个重要编辑项目，最近经常加班，回家后虽然感觉很累，可却怎么也睡不好，半夜了还瞪着眼睛无法入睡，无奈之下，他只好服用一些治疗失眠的药物。

在职场上，类似小王这样的人很多，他们依赖药物维持睡眠，但是，长期这样对身体并不好，也会影响工作质量。

据调查，我国睡眠障碍患者达5%~15%。睡眠医学研究的新进展使人们认识到，睡眠不仅是简单的休息，也是脑神经递质兴奋与抑制自主调节平衡的重要时段，睡眠是人类不可或缺的基本生命活动之一。

睡眠障碍在现代社会发生率极高，是严重影响人们生存质量的重大疾病，是肿瘤、心脑血管疾病、糖尿病、抑郁症、精神心理疾病等最常见疾病的伴随危险因素。

专家对长期熬夜和坚持早睡早起的人进行了对比研究，发现熬夜者更易遭受癌症侵袭，熬夜使睡眠规律发生紊乱，影响细胞正常分裂，从而导致细胞突变，产生癌细胞。因此，多睡一小时，得到的不只是工作时更加充沛的精力，还有可能挽救自己的生命。

因此，有关专家认为，"失眠一定要区分情况进行治疗，有些患者属于短期失眠，只要适当调整就可以恢复，无须药物治疗。"盲目服用治疗失眠的药物，以达到快速入睡的目的，这种方法并不科学。

怎样午睡有益健康

对于工作了一上午的人来说，午睡非常重要，短暂的休息能使人们有更充沛的精力投入到下午的工作中。此外，适度午睡还有益健康并可减少某些疾病的发生。据专家研究分析，每天下午 6~8 时脑出血发病率较高。而中午 12 时至午后 3 时脑出血发病率较其他时间低。英国科学家特别研究了午睡的长远效果及其对心脏病的影响后发现：坚持午睡半小时至一小时能使心脏冠状动脉得到休息，可减少心脏病的发作。另有学者研究显示：成人睡眠不足 4 小时者，其死亡率是正常睡眠（每天睡眠 7 ~ 8 小时）者的 180%。

俄罗斯学者基洛托夫对人体 24 小时生物规律进行了研究，其结果为：正午 13 时是肝脏的休息时间，只有少部分糖原进入血液，上午的最佳工作时间即将过去，人会感到疲倦，需要休息，此时如果午睡 1 小时，就能消除疲劳，提高下午的工作效率。如果坚持下去，可减少某些疾病的发生，同时，下午也更容易进入工作状态。

近年来，关于午睡的好处已经得到了越来越多科学研究的证实。哈佛大学研究人员指出，午睡有助于提高大脑效率；美国太空总署的科学家也发现，午睡能最有效地增强注意力。而据《华盛顿邮报》报道，日本目前正掀起一场"午睡革命"，许多银行家和政府官员在午休时间都会小睡片刻，希望借此振奋精神，好应对下午的工作。

很多事实都证明，科学、有效的午睡是健康充电的好方法。

不过，在午睡时要注意以下几个细节：

1. 睡前不吃油腻食物，不吃得太饱。油腻食物会增加血液黏稠度，加重冠状动脉病变，加重胃消化负担。

2. 午餐后不宜立即躺下午睡，应该饭后 20 分钟后再睡。因为立即躺下也不科学，这时午餐后大量的血液流向胃，血压下降，大脑供氧及营养明显下降，易引起大脑供血不足。

3. 午睡时间不宜太长。午睡时间最好为半小时到一小时，时间太长反而不好。因为人们在睡眠中大脑皮层抑制加强，并且在一定时间内有兴奋抑制周期，白天睡眠时间过长，大脑抑制会逐渐加深，人体会感到极不舒服、更加困倦、头脑沉重、浑身乏力、意识模糊、反应迟钝。

4. 睡姿应取头高脚低、右侧卧位。这样可以减少心脏压力，防止打鼾。需要注意的是，坐着及伏案睡觉会减少头部供血，使人醒后出现头昏、眼花、乏力等一系列大脑缺血缺氧症状。有的人用手当枕头，伏在桌上午休，这样容易使眼球受压，时间长了容易诱发眼疾。另外，伏卧桌上会压迫胸部，影响呼吸，也影响血液循环和神经传导，使双臂、双手发麻、刺痛。

5. 午睡时应避免受较强的外界刺激。因入睡后肌肉松弛、毛细血管扩张、汗孔张大，易患感冒或生其他疾病，也应注意免受风寒。如午睡时不能在走廊下、树荫下、草地上、水泥地面上就地躺下，也不要在有穿堂风的地方或风口处午睡。因为人在睡眠中体温调节中枢功能减退，轻者醒后身体不适，重者受凉感冒。

6. 醒后轻度活动。午睡后要慢慢站起，再喝一杯水，以补充血容量，稀释血液黏稠度。不要马上从事复杂和危险的工作，因初醒时常使人产生恍惚感。

对于上班族来说，在办公室里几乎没有午睡条件，特别是好几个人共用一个办公室时，午睡条件更差，但如果是独立的办公室，可以在沙发上自己睡一会儿，为下午的工作打下好的基础。

如何应对熬夜

早睡早起身体好，这是长期以来人们总结出来的经验。熬夜会严重伤害人们的身体，这主要是因为夜间睡眠时人体会分泌肾上腺皮质激素和生长激素。前者是在黎明前一段时间分泌的，功能是保证肌肉发育和促进人体糖类代谢的功能；而后者在入睡后才产生，能起到延缓中老年衰老和促进青少年生长发育的作用。所以晚上 10 点至第 2 天早晨 6 点是一天之中的最佳睡眠时间。熬夜会使身体的正常节奏发生紊乱，影响新陈代谢，对视力和肠胃等功能的影响也不可忽视。

现代社会生活节奏越来越紧张，几乎很难再找到没有熬过夜的人。

在现实的工作生活中，我们不得不面对熬夜这个问题。在必须熬夜的前提下，我们一定要学会自我保护。这里所说的自我保护主要指：一不能太晚，二要迅速补回这两个方面。

我们大家都很清楚熬夜的危害，这种有悖于生物钟的行为我们应该尽量控制在最短的时间内。正如灾难来临时，我们所能做的首先就是将损失控制在最小范围之内。有的人喜欢熬夜，但其结果往往是把自己搞得精疲力竭，效率低下，长久下去还会伤害身体。其实，科学的、间断性的熬夜有时会使某些人有意想不到的收获。熬夜后，在凌晨四五点钟入睡，工作将近一整夜，你一定感到很累，所以睡觉时会睡得特别香、特别沉，你会休息得特别好。熬夜可以使你集中较长的时间，专攻一项难度较大的工作。

科学证明，晚上 11 点到次日凌晨两点之间是最佳睡眠时间，因为这个时间段内人体温度很低，所以熬夜一定不要超过 12 点，最好在 11 点左右就入睡，否则身体就会受到严重的影响，如荷尔蒙紊乱、头晕等。另外还要注意的是，重要的工作应该尽量安排在 10 点半之前，那时的效率比较高，并且间隔一个小时左右就要起来走动走动，或者做深呼吸等运动，以利于分散注意力，保证工作持续高效。

有效的补救是熬夜之后必须做的功课。熬夜会严重影响视力，应该多吃一些富含维生素 A 的食物，如鳗鱼、胡萝卜、韭菜等，以及瘦肉、鱼肉、猪肝等维生素 B 含量高的食品。另外，还要适当补充一些热量，多吃一些蔬菜、水果及其他富含蛋白

拒绝把工作带回家

不把工作带回家，这看似简单的事情对于现代人来说似乎越来越困难。白天中固定的 8 小时属于工作，其他的时间属于生活，即使再忙，在下班的那一刻就是"终止点"。在这样一个不停追逐的年代，这般"循规蹈矩"者该是为数不多的。

下班后，我们每天都应该保留一段真空的时间，不去管明天还有一个很重要的会要准备，不去管明天还有几位很重要的客户要接待，不去管明天要公布一些重要数据，回到家里洗澡换了睡衣后，所有工作上的事都应被束之高阁了。如果不是周末，这样的真空时间很短很短，与爱人说不上几句推心置腹的

话就已经是半夜了，但都无所谓。相互依偎着看看书、看看节目，不需要言语，一个眼神、一杯热牛奶就温暖了彼此的心。这才是最好的驱除疲劳的良药，所有工作上的不顺和烦恼都会烟消云散。

家，不仅是一个休息的场所，它更是我们心灵的港湾，在这里，我们可以补充能量，享受亲情的温暖，忘记尘世的复杂，摆脱世俗的压力，回归最真的本我。

现代人喜欢赞美家，喜欢歌颂家，总是喜欢把对家的感情在诗歌中宣泄，而在现实生活中却有无数的借口远离家。现在有太多的人没时间回家吃饭，即使回家，也没时间休息，必须继续工作，这是个误区，也是个怪圈，把工作带回家，回了家还是工作，工作剥夺了家庭所有美好的东西。越来越多的人在这样的怪圈中迷失。家，也完全失去了它那些美好的意义，剩下的，只是那些又酸又涩的诗歌，没有意义的诗歌。

可能，我们这个时代，加班是时尚，把工作带回家是一种流行趋势吧。不过，现代人，在你追随时尚的同时，你没有发现自己的损失吗？是的，你很努力地工作，你想让妻儿老小过上好日子，可是，在你一味地忙着工作的同时，你已经把自己所有的时间都投入进去了，甚至是那可怜的家庭生活的时间。这难道不是一种悲哀吗？这难道不是一种得不偿失吗？

生活是生活，家是家，在家里，我们要的是家庭的生活，要的是天伦之乐。家庭的屋檐下，不应该有工作的空间。从现在开始，拒绝把工作带进家门。